スマート防災

災害から命を守る準備と行動

防災・危機管理アドバイザー
山村武彦 著

ぎょうせい

はじめに――身の丈に合ったスマート防災

1　災害後対処訓練と合わせ、災害予防訓練を重視せよ

防災訓練といえば、消火訓練、避難訓練、安否確認訓練、救出救護訓練、炊き出し訓練、避難所運営訓練などが定番。それぞれが極めて重要で欠かせない訓練ではある。しかし、よく考えてみると、それらの多くは災害後対処訓練でしかない（第二章・図1参照）。命を守ることを優先するスマート防災の観点からすると、大切な訓練が抜けている。欠落しているのは「火を消す訓練の前に、火を出さない訓練」であり「避難訓練の前に、災害から自分の命を守る「状況別行動選択訓練」。「閉じ込められた人を助ける訓練の前に、災害時に「閉じ込められないようにする訓練」、「警報や避難勧告を待って避難するのではなく、各自が判断し行動する「早期自主避難訓練」。つまり、災害予防訓練を重視すべき。

もちろん、津波や土砂災害に対しては「早期避難に勝る対策なし」であり、災害後の二次災害防止訓練はそれぞれが重要な訓練であることは論を待たない。また、防災対策にはハード、ソフト、システム、教育、訓練など幅広く多岐にわたるが、どれひとつ不要なものはない。しかし、すべてを同時に推進することは困難であり合理的ではない。だからこそ、優先順位の明確化である。国、自治体、企業、地域、家庭は災害後対処訓練と合わせ、命を守る災害予防訓練を重視すべきではなかろうか（詳細は「第二章　スマート防災訓練」参照）。

2　在宅避難生活訓練と安全な場所に住む（する）防災

発災時、身の安全が確保できた元気な人は避難せず自宅で暮らさなければならない。どこの市区町村であっ

ても、すべての住民を指定避難所に受け入れるスペースなどどこにもないからである。

自治体が定める一般的な避難所収容基準では、「指定避難所に収容する人は、家が壊れた人、避難指示、避難勧告対象地区の住民、津波、土砂災害、洪水、ガス漏れ、大規模火災など危険な区域、あるいは二次災害のおそれがある地域の住民」となっている。安全が確保でき自宅が多少損壊していても、住むことができるのであれば自宅で在宅避難生活をすることになる。指定避難所はホテルでもなければ楽園でもない。災害直後だから当然だが、トイレや寝る場所など避難所の多くが劣悪環境である。阪神・淡路大震災（1995年）では、死者6434人のうち、圧死などによる直接死が5512人、それ以外の原因で震災後2か月以内に死亡した人たち、いわゆる「震災関連死」は922人に上る（総死者数の14・3％、出典：神戸市保健福祉局健康部）。極寒の中、厳しい環境下でインフルエンザが蔓延、せっかく大地震から生き延びた人が肺炎などで次から次へと死んでいった。災害後の混乱状態では避難者全員に住み心地の良い環境を提供することなどできはしない。避難所環境のさらなる整備改善と併せ、住民が避難しなくても済むように、安全な場所に住む（する）対策と、電気、ガス、水道、電話を停めて在宅避難生活訓練を実施する必要がある。

毎年形式的避難訓練が繰り返された結果、危険区域でないにもかかわらず、大地震の後は避難所に避難しなければならないという刷り込み現象に陥っているものもいる。しかし、実際には自宅で暮らす人、あるいは自宅で暮らさなければいけない人の方が大多数を占める。

例えば、首都直下地震が懸念される東京都の被害想定では、最悪の場合、建物損壊数は30万4000棟とされている。都の世帯総数は638万2049世帯。1棟1世帯とは限らないが、あえて単純計算すれば損壊率は4・7％だから、残り約95％の世帯の住民は自宅で暮らすことになる。古くない鉄筋コンクリート造りのマンションやビルだったら、一瞬にして全壊する危険性は極めて低い。こうした安全性の高い建物にいたら、避難するより建物の中にいた方が安全な場合も多い。現在の指定避難所（中学校等）は、自宅に住めない人たちが一時的に避難生活をする場所である。そして、地域の被災・災害情報・緊急物資配布情報や安否確認結果を報告し合う拠点とすればよい。これは他の地方・地域にもほぼあてはまる。まずは、大部分の住民は災害後、避難所生活するのではなく、安全が確認できたら自宅で暮らすための覚悟と準備が必要という当たり前のことをきちんと住民に認識してもらわなければならないのである。そのためにも国や自治体は、今までの「逃げる防災」から「安全な場所に住む（する）防災」にシフトし推進すべきである。

格好の良い形式的訓練や防災ごっこよりも、現実的で、泥臭く、背伸びせず、地域や自分たちの身の丈に合った対策や訓練をすること。私はそれを「スマート防災」と名付けた。持ち場立場で何かのヒントにしてくだされば幸甚の極みである。

2016年3月11日

山村　武彦

目　次

第三章　スマート地域防災

第四章　自治体のスマート防災

第五章　個人と組織のスマート防災

第六章　企業のスマート防災

第七章 ドローンで防災革命

第八章 先人の知恵「災害を忘れさせないための四つの物語」

第一章

防災は、おとこ（漢）のロマン

1

40人の命を救った「心の制服」

２０１１年３月11日、仙台発―原ノ町行きＪＲ常磐線・４両編成の列車は、沿線で発生した火災の影響で安全確認のために福島県相馬郡新地町の新地駅に停車中だった。しばらくして安全が確認できたとして出発の放送があり、ドアが閉まった。その直後、列車と駅舎は突然猛烈な揺れに襲われる。乗客は悲鳴を上げながらうずくまったり、手すりにつかまったりした。車輌が倒れるかと思うほど大きく長く揺れた。その揺れが収まってしばらくして、津波が襲い、駅舎もろとも列車が流され転倒し折れ曲がってしまうとは、そのときはまだ乗客も乗務員も誰も知らない。

その列車には、たまたま若い警察官が２人乗り合せていた。齋藤圭巡査（当時26歳・写真１）と、吉村邦仁巡査（当時23歳）である。齋藤巡査は福島で４人兄弟の３番目に生まれた。幼少のころからパトカーが好きな子供だった。そのころから将来は警察官になりたいと思っていたそうである。震災の前年２０１０年３月、茨城大学人文学部卒業後、念願の警察官になった。といっても、すぐに警察業務にあたるわけではなく、寮生活をしながら警察学校でみっちり半年間警察官の基礎となる初任教養を学ぶ。そして９月に配属された福島県相馬市原釜にある尾浜駐在所で現場実務研修に励んだ。その後、また警察学校に戻り２０１１年１月から２か月間の初任補修科研修を受け、震災が発生した３月11日の午前にその卒業式が行われた。卒業式で学校長の心にしみる訓育を胸に刻み、ＪＲ福島駅から仙台駅経由で赴任先の相馬に向かう途中だった。一方、吉村巡査の実務研修先は電車が停まった新地駅近くの新地駐在所だった。２人は警察学校の同期ではあるが、３つ年上で、警察学校では総代（生徒会長・寮長のようなもの）を務めた齋藤巡査は、吉村巡査にとって頼れる兄貴のような存在だった。研修を終了したばかりで、文字通りなり立てほやほやの新米警察官2人は、ともに黒っぽいスーツにネクタイ姿で旅行バッグを手にしていた。まもなく赴任先の相馬署で警察学校卒業を報告し、その日から晴れて警察官としての第一歩を踏み出すはずであった。

発車ベルが鳴って列車のドアが閉まったと同時だった。突然、緊急地震速報のチャイム音が乗客の手やバッグ内で鳴り響いた。乗客たちはきょろきょろしたりして、何が起きたのかと声にならないざわめきが起きた。しかし、その数秒後、いきなり不意打ちのように大揺れが襲ったのである。誰も経験したことのない、情け容赦のない激しい揺れに40人ほどの乗客は翻弄され、あちこちから悲鳴が上がった。大揺れの周期に合わせるように車輌がホームにぶつかる。そのたびにバッタン、バッタンという大きな音が車内を揺るがし衝撃を与え、地震の大きさを見せつけた。3両目のひじ掛けにつかまりながら、「地震だ！　これは大きい」と思った齋藤巡査は、窓から見えた光景に戦慄する。駅舎が波にもまれた船のようにグニャグニャと揺れ、駅舎の窓ガラスが音を立てて割れ、飛び散った。まるで映画のスローモーションのように揺れは大きくそしていつまでも続き、長く感じた。2日前の3月9日にも地震があった。そのときは警察学校の授業中だったが、教官から直ちに人員点呼と安否確認、校舎の被害確認の指示が出された。しかし、あのときとは比べ物にならない揺れだった。いったん収まったと思ったら、また揺れ始める。それでもようやく揺れが収まったとき、ほっとした空気と、また揺れ始めるのではと不安な空気が車内で交差していた。

写真1　40人の命を救った齋藤巡査（当時）

しかし、揺れが収まるころには齋藤巡査は落ち着きを取り戻していた。「地今、警察官として何をしなければならないかを自問自答していた。

震が発生しましたので、安全が確認できるまでしばらくお待ちください」。上ずった乗務員の車内放送が流れた。それを聞いた齋藤巡査は直ちに行動を起こす。乗務員に手帳を見せ警察官であることを告げた。そして、吉村巡査に「手分けして、車輌被害と負傷者が出ていないか安全確認をしよう」と言って、吉村巡査に1輌目2輌目を、3輌目と4輌目は自分が受け持つこと、そして、警察官の身分を示すことなどをアドバイスした。スーツ姿ではあったが、乗客たちは警察手帳を見て、問いかけに「けがはありません」などと神妙に答えていた。幸い負傷者はなく、車輌に大きな損傷もなかった。

乗客たちは、かかりにくくなった携帯電話に悪戦苦闘しながら家族と連絡を取ろうとしていた。しかし、まだ大きな余震が襲う可能性もあった。齋藤巡査は万一に備え、いつでも脱出できるように、乗務員に全車輌のドアを開けてもらった。そのうち、携帯のワンセグテレビを見ていた乗客が「あっ、津波警報が出た」と大きな声を上げる。覗き込むと「震源は宮城県沖、地震の大きさを示すマグニチュードは7・9」のあと、「宮城県の太平洋沿岸に津波警報」というテロップが見えた。それは地震発生後10分くらいだった。「津波！」と聞いて齋藤巡査が思い浮かべたのは、数年前に発生したスマトラ沖地震津波のテレビ映像だった。町、人、列車が厖大な濁流に一気に呑み込まれていく衝撃的なものだった。

齋藤巡査の背筋に冷たいものが走った。ここは海から500mほどしか離れていない。列車からも海が見えるほど海岸に近い。新地町は福島県といっても宮城県との県境にあって、仙台圏に入る場所だった。宮城県沿岸の津波ともなれば、新地町もただでは済まない。海とほぼ平らな新地駅にいれば全員呑まれてしまう。駅から北方向に小さな山と国道6号線沿いには鉄筋コンクリート4階建ての新地町役場が見える。目測で約1㎞から1・2㎞。役場の近くにも高台のような場所がある。「乗客の命を守る」。齋藤巡査は避難を決意する。座席に座ったままの人やホームに降りている人もいた。乗務員に「津波警報が出ています。乗客を避難させましょう」と言うと「わかりました。しかし、私たちは本部と連絡が取れるまで列車と駅から離れることはできませんので、乗客の誘導をお願いします」と言う。

乗客40人の中には若い人もいたが高齢者や足の不自由な人もいた。吉村巡査と手分けして避難を呼び掛けた。「ここは海に近く低い場所です。高台に避難しましょう」と言うと直ぐに賛成する人もいたが、「ここまで津波は来ないから大丈夫だよ」「駅にいた方が安全ではないか」と言って動こうとしない人や「電車が動かないから、家のものに迎えに来るようにメールを打った。駅で待ち合わせしているから」「私は足が悪いからここでいいです」と、避難を拒む人もいた。齋藤巡査の脳裏にここで無理に避難させて空振りだったら……という思いもよぎり心が揺らぐ。しかし、このまま放置することはできない。

警察法第二条が思い浮かぶ。「警察は、個人の生命、身体及び財産の保護に任じ、犯罪の予防、鎮圧及び捜査、被疑者の逮捕、交通の取締その他公共の安全と秩序の維持に当ることをもつてその責務とする」。今がその、個人の生命、身体及び財産の保護に任じる時ではないか。さらに「警察官は、人の生命若しくは身体に危険を及ぼし、又は財産に重大な損害を及ぼす虞《おそれ》のある天災、事変、工作物の損壊、交通事故、危険物の爆発、狂犬、奔馬の類等の出現、極端な雑踏等危険な事態がある場合においては、その場に居合わせた者、その事物の管理者その他関係者に必要な警告を発し、及び特に急を要する場合においては、危害を受ける虞《おそれ》のある者に対し、その場の危害を避けしめるために必要な限度でこれを引き留め、若しくは避難させ、又はその場に居合わせた者、その事物の管理者その他関係者に対し、危害防止のため通常必要と認められる措置をとることを命じ、又は自らその措置をとることができる」の警察法第四条もある。

とはいっても乗客にしてみたら二人は私服のただの若者である。そして説得力に欠けていた。警察官の制服であれば、若くても言うことを聞いてくれるのかもしれない。齋藤巡査は一瞬私服の自分が情けなく感じた。

どうも乗客たちに頼りにされていない。やはり制服を着ていない若造の新米警察官ではだめなのか。そう思ったとき、啓示のようにあるシーンが鮮明に浮かんだ。それは午前中に行われた警察学校の卒業式である。月末には定年を迎えるという佐藤学校長による卒業生へ文字通り最後の訓育であった。「私の警察人生において信念としてきた言葉を君たちに贈りたい」と前置きし「警察官は制服を着ているときだけが警察官ではないということである。制服を脱いでいても、どんなときでも心の制服は脱いではいけない」と。この言葉を総代として齋藤巡査はしびれるような思いで重く受け止め感動した。そうだ、今の自分は制服は着ていないが、心にしっかり制服を着ている。「よし！」齋藤巡査は腹をくくった。乗客の命を守ろうとして、それが空振りだったら謝ればいい、謝っても許されなければすべて自分が責任を取ればいい。なんだ、そういうことか。吹っ切れた途端、齋藤巡査はもう迷うことはなかった。そして、今までの自信のない心は消え、全身に勇気が満ち溢れるのを感じた。そして、目の色も態度も変わった。避難をためらう乗客たちに向かって威儀を正し「ここにいるより、町役場の方に行った方が安全です、私たちと一緒に避難してください」。まっすぐに誠意を込めかつ毅然として話しかけた。齋藤巡査の自信に満ちた言葉に吉村巡査も続く。「情報も入るしトイレもあるから町役場の方が安心です」「ともかく一緒に避難しましょう」。二人の真摯な説得に、もう誰も異議を挟む者はいなかった。本部の指示があるまで乗務員は列車を離れられないと駅に残ることになった。

乗客たち全員が二列に並んで避難を開始する。先頭には新地駐在所で実地研修をしていて土地勘のある吉村巡査が先導する。足の悪い80代の女性と、やはり80代の東京から来たという女性と一緒に齋藤巡査が最後尾に付いた。高齢者の大きな荷物を持ってあげる人もいるが、列は徐々にばらけて長く伸びていく。吉村巡査は行ったり来たりしながら声を掛け励まし続けた。町役場まで残り半分というところまで来たとき、突如地面が地鳴りと共に唸り始めた。そして地響きのような揺れがきた。海の方を見ると、海岸からそれほど離れていない沖に一筋の白い線がくっきり盛り上がるように見えた。「あーこれが津波だ」。齋藤巡査は「津波が見えてから逃げても逃げきれない」という誰かの言葉を思い出した。もうだめかもしれない。それまで半信半疑でついてきた人たちはそれを見て恐怖で凍りついた。先頭と最後尾ではすでに２００ｍ以上離れている。このままだと逃げきれない。吉村巡査が何か言っているが聞こえない。「こっちに構うな、先に行け！」怒鳴り返す。しかし、津波を見たからなのか、列の途中で腰を抜かしたように座り込む人もいる。周囲を見回すと国道６号線が見えた。そこには高台に向かう車が何台も走っている。しかし、遠い。すると、すぐ近くの農道を役場方面に向かう軽トラが見えた。これだ。齋藤巡査は軽トラックに向かって夢中で走り出した。ようやく追いついて、運転していた70代の男性に「高齢者と足の悪い人を乗せてくれませんか、お願いします」と頼むと「いいよ、早くしな」と快諾してくれた。最後尾にいた高齢女性２人と呆然と腰を抜かしたような人を荷台に押し上げ、役場に急いだ。

役場の駐車場で吉村巡査たちと合流した。そこには町の住民たち約２００人が避難していた。４階建ての役場の窓から海を見ていた人が「津波が！」と悲鳴を上げた。振り返ると土埃と一緒に壁のようになった津波が物凄い勢いでゴボゴボと音を立てながら押し寄せてきた。齋藤巡査たちは周囲を促して、役場の横を抜けた小高い丘へと避難した。そのとき、６号線を突っ切った津波ががれきと一緒に役場の駐車場方面にになだれ込んできた。悲鳴が上がった。それが第一波だった。津波は引いては返しを繰り返し４波まで続いた。寒さの中、みんな言葉もなく津波が町を蹂躙していくさまを見ていた。新地駅の駅舎と列車が津波に襲われていた。かろうじて残った跨線橋に避難した乗務員たちは無事だった。

最終的に町役場から数十ｍ、海から約１・２㎞付近で津波は止まった。駅舎は破壊され、列車４輌すべてが転覆し数十ｍ流され大破した。あのまま列車内にいたら全員死んでいたに違いない。40人の命を救ったのは若い二人の警察官だった。相馬署には、涙を流し訪れてくる乗客や礼状が相次いだ。そして、東京から来ていた80代の女性は、今も3月11日になると毎年東京から新幹線に乗って警察署を訪ねてくる。そして、命の恩人齋藤巡査の顔を見て手を合わせるように礼を述べると帰っていくという。また、足が不自由で齋藤巡査と一緒に最後尾を歩いた女性は、仮設住宅から毎年年賀状に近況を綴ってくる。二人の若い警察官の果敢な行動を後押ししたのは、「制服を脱いでいても、心の制服は脱いではいけない」の教えであった。その熱い思いを踏襲し見事に乗客の命を守り抜いた二人の新米警察官、その背中を支えた佐藤校長。私は彼らに真の「おとこのロマン」を見たのである。

2 「互近助《ごきんじょ》」普及に燃える、おとこのロマン

従来、防災は「自助」「共助」「公助」の三助が大切と言われてきた。しかし、行政職員も施設も被災し、過去の災害発生時に公助は機能しないことが多かった。また、共助で助け合おうという共助の「みんな」は顔が見えない。自主防災組織の役員や自治会長に話を聞くと「大災害が発生したとき、家族、親戚、隣人のことで精いっぱいだった。自主防災組織や町内会が集まって対応できるのは災害後3日〜5日くらいたってからだった」、また「小さな災害であれば、みんなが集まって訓練通りできたのかもしれないが、あれほどの大災害だと、それどころではなかった」。真の災害現場を知っている人なら、その現実と言葉の重さを知っている。

多くの災害現場を見てきて、自助、共助、公助も大切だが、災害時の原則は自助と近助だと痛感している。つまり、自分や家族を自分たちで助ける「自助」、そして近くにいる人が近くにいる人を助ける「近助」という概念である。共助と近助は似ているが少し異なるロジックである。共助はみんなで助け合おうという美しい概念だが、平時はそれでいいが災害時になるとその「みんな」という言葉ほど無責任に感じるものはない。

大地震に遭遇し大揺れの最中「みんなで頑張ろう」どころではない、誰もが自分の命を守ることや目の前のことで精いっぱいである。生き埋めの人がいたり、火災が発生したりしたら「みんなで救助しよう、みんなで火を消そう」と言っているより、近くにいる人に応援を頼み、とりあえず自分一人でもできることをするしかない。「みんなで……」は、総論のキャッチフレーズとしてはいいが、あまりにも抽象的で各論の具体策にはつながらない。というより顔が見えない。命に関わるような一刻を争うときは、みんなの共助でなく、近くにいる人が近くにいる人を助ける近助しかない。「近助」という考え方は、今から25年ほど前から私が提唱し始めた言葉である。最近は多くの自治会や自主防災組織で近助という言葉が使われるようになってきた。

東京都昭島市。ここにおとこのロマンを体現している人がいる。その人の名は宮田次朗という。宮田さんがあるとき私の講演を聞いて、その中の「近助」という考え方にいたく共鳴され、仲間たちとともに熱い思いで一歩一歩着実に地域防災に取り組み、大きな成果を上げているのである。まずは「隗より始めよ」で、ご自身の住んでいる昭島つつじヶ丘ハイツ北住宅団地や北地域コミュニティに私を招き、「近助の精神とずっと住みたいまちづくり」などをテーマにした講演会を何度も開催するなど、住民同士の懇親、研修、自治会だよりなどで防災民度（意識）を高め、隣近所での助け合いの重要性を訴え続けた。そうした努力が実り、団地階ごとに「防災隣組」が結成され、防災訓練時の協力体制が具現化されるようになり、それまで以上に住民同士が運命共同体意識を持つようになった。それにより住民の結束力が高まると、窃盗なども減って防犯にも役立っているそうである。

さらに2010年からは「まちづくり昭島北」として、防災リーダー研修会や近隣小中学校との合同防災訓練など、次々と新企画を立案し実行していった。当初は「あの人は好きでやっているから」など心ないかげ口もあったが、一方で長老たちからも一目置かれるようになっていく。そして、その斬新な企画力や行動力が認められ、「第3回東京防災隣組」に認定されることになる。メディアなどにも取り上げられ、その客観的評価は住民にフィードバックされ相乗作用が働き、盛り上がり効果となり良いスパイラルへとつながっていった。そして、上部団体である自治会連合会もそれまで以上に地域防災への取り組みを強化するようになっていく。

2015年、昭島市自治会連合会で「互近助（ごきんじょ）カード」が作られるようになったのも宮田さんたちの功績である。昭島市は住みやすいまちとして、東京のベッドタウンとしての顔もある。しかし、せっかく昭島市に住んでいても自治会に加入しない人も多い。そこで、自治会加入者へのメリットを提供しようと考えて作られたのが、「互近助カード」である。互いに近くで助け合うように、裏面には所属自治会や氏名などと共に連番が記載されていて、避難所で提示すると、どこの誰が避難したかが一目でわかるようになっている。それだけではない。この互近助カードの真骨頂は、その地域に互近助カード協力店を作ったことである。その協力店で互近助カードを提示すると一定以上の割引をしてもらえるのである。これまで自治会に加入していない人も、うわさを聞いて加入するようになるなど加入者促進効果だけでなく、今まで遠くのスーパーに買い物に行っていた人たちが近くの商店で買うようになるなどの地域活性化にもつながっている。

宮田さんたちの情熱が「ずっと住みたいまちづくり」を力強く推進し続けている。それもこれも「近助の精神」で、いざというとき近くの人同士助け合えるようにしたいという熱い思いからである。防災というより、命を守るというキーワードが、宗教、政党、老若、男女の境を取り払い共通の求心力となっている。とはいっても、何か新しいことを推進しようと思うと予算が問題となる。それも、東京都の助成事業を積極的に研究し活用して住民に負担をかけないようにしている。宮田さんはただがむしゃらに推進するのではなく、粘り強く周囲を説得し、八方に気配りしながら進めてきた。その姿に、心の奥底から人への優しさを感じる。宮田さんの「近助」の実践は、一本筋の通ったおとこのロマン（美学）である。

3 ひとの命を守る以上の「おとこのロマン」はない

災害そのものを無くすことはできないまでも、現実を見据え、リスクにひるまず、あきらめず、対峙する覚悟、準備、訓練をすれば被害を少なくすることはできる。すべてを守れないまでも命を守ることはできる。こうした使命感を持って社会の安全・安心を支えてくれている人たちがいる。警察、消防、自衛隊、海上保安庁、医療関係者たちである。ときに自らを危険にさらすことを覚悟し国民の命を守る仕事を志し、それを任務として実践されている人に私は無条件で脱帽するとともに、心からの敬意と感謝を申し上げたい。

その上で、よくよく考えてみるとどんな仕事もあるいは仕事をしていなくても、直接危険は伴わずとも皆どこかで人の命に関わっているのである。例えば、自治体職員にしても、車や食品の生産・販売にしても、主婦でも高齢者でも、結果として誰かの命を支えたり、皆の安全・安心に影響を与えたりしている。車や自転車で事故を起こしても、あるいは何も仕事をしていなくても、自分の家から火を出せば誰でもほかの人の命に関わってくるのである。生きているということは、常に自分と誰かの命に関わっているということである。だからこそ、被害者にならず、加害者にならず、傍観者になってはいけないのである。

中でも、災害から人の命を守ろうと積極的に努力することほどやりがいのあることはない。リタイアしても地域防災に懸命に取り組む人がいる。災害があると見返りを求めず、ボランティアとして被災地に赴き支援する人がいる。そういう人たちを念頭に、私は「防災は漢（おとこ）のロマン」と言っている。「おとこ」とは、男女を分ける「男」ではない。「漢前（おとこまえ）」の志や信念を持った「おとこ」のことである。命を守ることこそ、老若男女を問わず、主義主張が異なろうと、信ずる宗教が違っていても、すべての人が共同参画できる普遍的に共有できるテーマはほかにはない。それは決して世のため人のためではなく、自分の存在価値であり社会の一員としての使命であり義務である。まずは自分や家族が死なないようにすることである。自分や家族の安全が確保できたら隣人、同僚の命を守ることである。そして、地域や国を守り、さらに隣国や世界の人の安全を守ることができるのである。自分を取り巻く家庭、地域、企業、自治体、国の安全があって自分や家族がある。だからまずはそれぞれの命である。命さえ助かればあとは何とかなるものである。

真の防災・危機管理とは、失ったら取り返しのつかない命を守ること。そのための心構え、準備、対策、訓練、行動を優先することである。私はそれを「スマート防災」と名付けた。スマート（Smart）は多様な意味に使われるが、主なものを挙げると、「活発な、きびきびした」「機敏で、頭の良い、賢明な」「身なりのきちんとした、こざっぱりした」「ハイカラな、当世風の」「激しい、強い、猛烈な」「インテリジェントな」「高性能な」とここまで挙げると名前負けしそうだ。元々横文字のネーミングには抵抗があった。しかし、机上の空論や形式的でリアリティのないこれまでの防災と一線を画す決意で、あえてスマート防災と名付けた。ひとことで言えば「命を守ることを優先する防災概念」という意味でしかない。

スマート防災はおとこのロマンである。世のため、人のため、自分のために命を守るのである。横浜市瀬谷区の阿久和北部地区・谷戸自治会はまちぐるみで防災・防犯対策や日頃の見守り等幅広く継続的に推進している。長年その中心的な推進役を果たしてきたのが同自治会事務局の清水靖枝さん。清水さんは男とか女とかをとっくに超越した漢前（おとこまえ）で、地域の活性化や安全・安心まちづくりに貢献してきた。清水さんの口癖は「自分が暮らすまちがずっと住みたいまちだと嬉しいなと思って、人のためというより自分のためにやってきた」と言う。清水さんを見ていると、究極の「おとこのロマン」としか思えないのである（拙著『近助の精神―近くの人が近くの人を助ける防災隣組』（きんざい）参照）。

第二章

スマート防災訓練

1 災害後対処訓練と災害予防訓練

命を守るために必要なことは、正しい知識、覚悟、そして準備と訓練である。大規模災害に備えるために、実践的な防災訓練は不可欠である。防災訓練を大別すれば「災害後対処訓練」と「災害予防訓練」に分類できる（図1）。それぞれが重要な訓練だが、従来はどちらかというと災害後の対処訓練に終始するきらいがあった。従来型防災訓練の定番といえば、安否確認訓練、初期消火訓練、避難訓練、避難所運営（体験）訓練、緊急連絡訓練など等である。よく考えてみるとこれらはすべて災害後の対処訓練である。これはこれで重要な訓練であることは間違いない。しかし、次に逐条ごとに説明するように、減災を標榜するのであれば実践的な災害予防訓練をまず先に実施するか。あるいは、災害予防訓練と合わせて災害後対処訓練も実施すべきである。スマート防災訓練とは、形式的訓練を廃し、現実的かつ実践的な訓練を優先することである。

(1) 火を消す訓練と共に、火を出さない訓練

その日私は大阪にいた。そして、阪神・淡路大震災（1995年）発生2時間後に現地に入った。そこで見たのは軒並み倒壊した異常な光景

図1　災害後対処訓練と災害予防訓練

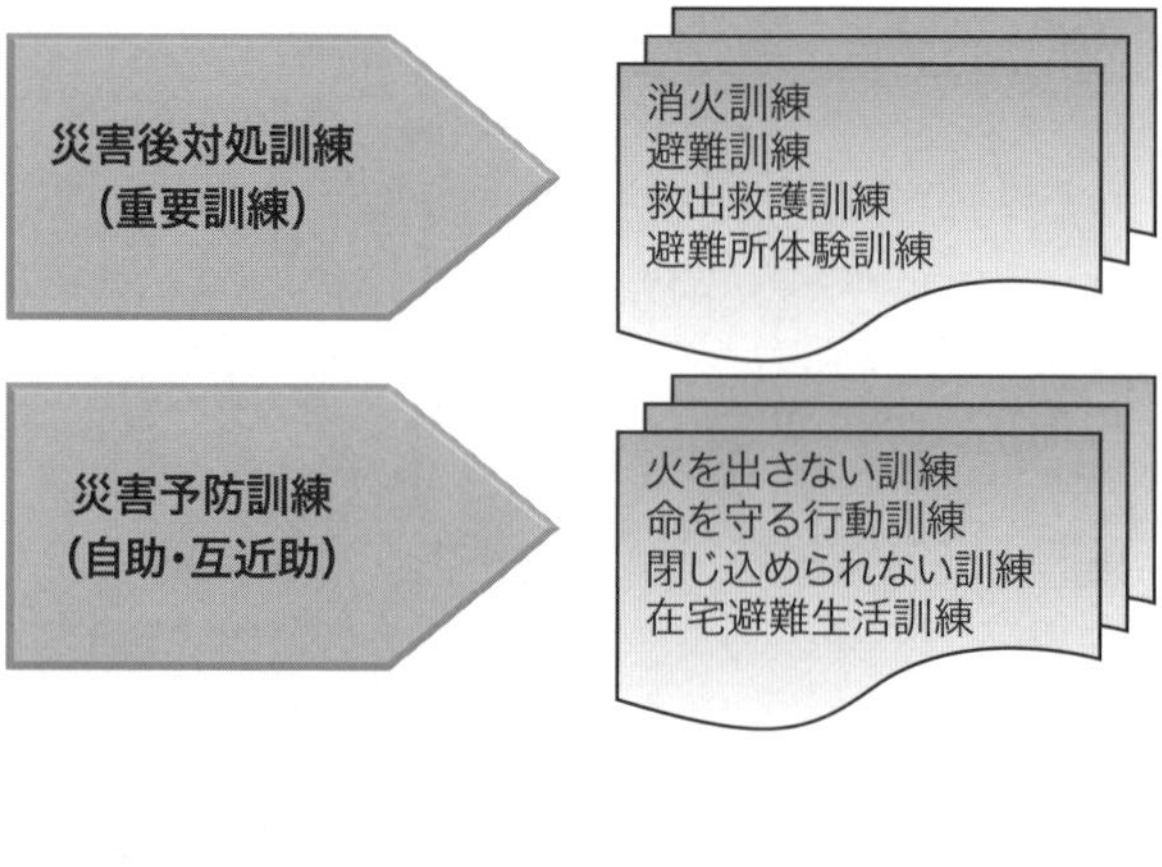

の中を呆然とたたずむ人々だった（写真2）。そして、マンションや住宅街から噴き出す煙と炎。約280か所からの同時多発火災。主な出火原因は電気・ガスが6割といわれている。ガスには安全装置が付いていたが機能しなかったものもあったという。早朝5時46分の地震発生時、多くの人がまだ寝ていた。冬の朝、まだ暗い中の停電で、懐中電灯を用意している人は少なかった。ある人は揺れが収まってから、暗くては何もできないと散乱した家具などの間を縫って仏壇にたどり着き、ローソクに火をつけた途端、漏れていたガスに引火し爆発したという。非常用のローソクを準備している家庭も多いが、大規模地震直後は安全確認ができるまでは火気厳禁がマナーである。万一、ガスの匂いがしたら、出入り口を開け隣近所に「火を使わないでください」と呼びかけ、消防署とガス会社に通報する必要がある。

写真2　阪神・淡路大震災発生約2時間後

　また、地震発生から2～3日経ってからも住宅街などで火災が発生している。それらの多くが避難場所に避難した留守宅からの出火であった。確定的なことは不明だが、停電していた電気が復旧した地域での「通電火災」と推定されている。通電火災というのは、地震により損傷した電気器具や配線、あるいは使用中だったドライヤー、熱帯魚のヒーター、暖房機などに地震により覆った可燃物などが乗った状態で通電されて出火することをいう。こうした通電火災を防ぐには、ガスの元栓を閉じ電気のブレーカーを切る訓練が必要。しかし、大地震で気が動転してしまうので、地震の揺れを感知して自動的にブレーカーを遮断する感震器付ブレーカーや感震器付分電盤などを設置することが望まれている。その場合、停電を感知して点灯する足元灯の設置も必要である。しかし、自分の家だけで対策しても、隣でガス爆発が発生すれば類焼する可能性もある。こうした対策や訓練は自分の家だけでなく、隣近所あるいは地域全体で実施することに価値がある。つまり、火を消す訓練と共に、みんなで火を出さない訓練が大切。

① 地震の揺れが収まったら、火の始末とガスの元栓を閉じる。
② 地震直後は安全確認できるまで火気厳禁 「火を使わないようにしましょう」と呼びかける。
③ 地震後は、電気のブレーカーを切ってから避難する。
④ 電気のブレーカーを切ると共に、余裕があれば電気器具のコンセントをすべて抜いてから避難する。
⑤ 停電が復旧し通電されたら、一つひとつの電気器具のコンセントを引き抜き、損傷を確認すると共に、コンセントを指し込んでからも異常がないかしばらく様子を見守ること。

(2) 救出救助訓練と共に、閉じ込められない訓練（命を守る訓練）

阪神・淡路大震災（1995年）の特徴は、古い木造家屋が多数倒壊したことである。倒壊しないまでも傾いたり、ねじれたりして耐震度の低い脆弱建物の弱点が露呈された。それは古い木造住宅に限らず、マンションなどでも壁にクラック（ひび）が入ったり、柱や床が傾いたりしていた。そこには阪神・淡路大震災の揺れの特徴があったといわれる。阪神・淡路大震災の応答スペクトルという揺れる周期を見てみると、1サイクルが1～2秒という長周期地震動と短周期地震動の中間に位置する周期の揺れが顕著であった（鷹取・蓑合地点）。キラーパルスと呼ばれるその揺れは、木造建物の構造などによっての固有周期と地震の周期との関係で建物を損壊させる強烈な揺れ方になることが知られている。阪神・淡路大震災では、こうしたキラーパルスによる揺れが強かったために木造の古い建物の倒壊が多数に及んだとされている。阪神・淡路大震災の犠牲者のうち87・8％が建物や家具などの下敷きによる圧死だったことからも、激しい揺れ方だったことがうかがえる。

①　避難路確保訓練

２０１１年３月11日に発生し、約２万１７８０人の犠牲者を出した東日本大震災。そのときの揺れ方は阪神・淡路大震災の揺れ方とは異なり、建物が倒壊しやすい揺れ方ではなかったといわれる。前述の応答スペクトルで見ると０・３～０・６秒（築館・日立地点）の周期が卓越し、そして長く揺れが続いたことが特徴といわれる。この揺れ方は建物が一瞬に倒壊する揺れ方ではなく、広間など吊り天井の落下、ドアの変形、瓦屋根の落下、壁やクロスに亀裂、液状化等が起きやすい揺れ方であった。犠牲者の約92・４％が津波による溺死とされ、建物の下敷きによる圧死者は４・４％に過ぎない。阪神・淡路大震災では主要構造部の損壊が多く、東日本大震災時は非構造部の被害が多かった。地震の揺れ方は、いつも同じではない。

地震災害の現場を50年にわたって見てきて、助かった人、犠牲になった人の差があるとしたら、それは建物とわずかな行動の差によるものと考えている。地震が人を殺すというより、脆弱な建物と誤った行動が死を招くのである。従来、地震発生時は机やテーブルの下に身を隠せと言われてきた。これも決して間違いではない。それしか方法がない、時間がない、建物が倒壊するおそれがない耐震性の建物、あるいは身体が不自由であったり、そうした災害時要配慮者の家族がいたりする場合、近くにある頑丈なテーブルの下に身を隠すことで身を守るしかない。つまり、机の下も安全ゾーンのひとつである。だが、何が起きても「机の下」ではないし、机がない場合はどうするか、その場の状況に合わせたより安全な場所に退避する必要がある。つまり、固定概念にとらわれず状況別の行動選択訓練が重要なのである。

阪神・淡路大震災の直後に被災地に入ったとき、ドア枠ごと、あるいは壁ごとドアが変形（**写真３**）し閉じ込められたケースも多かった。震度６強以上の揺れに襲われた場合、ドアが変形し閉じ込められる危険性

写真３　ドアが変形（阪神・淡路大震災）

があるのだ。もし、ドアの変形などで閉じ込められたとき、ガスの漏えいや火災が発生すれば逃げられなくなってしまう危険性がある。自分の家が大丈夫でも隣家から出火や爆発する場合もあるので、地震発生時は閉じ込められないように避難路確保は極めて重要。

②　安全ゾーンを設定せよ

もう一つ私が提唱しているのは「安全ゾーン」の設定である。安全ゾーンとは「転倒落下物の少ない、閉じ込められない場所」をいう。これは自宅だけでなく、学校、オフィス、店舗、マンションどこでも安全ゾーンの設定が不可欠である。なぜ安全ゾーンが必要かというと、避難誘導係が誘導などできない可能性が高いからである。阪神・淡路大震災が発生したときのコンビニの映像を見ると「ゴーッ、ガタガタ、ミシミシ」それは物凄い音がして揺れている。誰かが声を掛けて誘導しようとしても声など聞こえないだろう。ましてや避難誘導係やそこにいる店の人たちも自分の命を守るので精いっぱいのようだった。本当の大地震に見舞われたら、避難誘導等できはしない。それが現実である。だから、予め「転倒落下物の少ない、閉じ込められない場所・安全ゾーン」を定め、初めて来た人でも一目でわかるように、そこに安全ゾーンの表示をすべきである。先日イトーヨーカ堂に行ったときそれを見た。避難のピクトグラム（絵文字）の下に「じしん避難場所」と書かれた四方から見える蓄光標識が天井から下がっていた（写真４）。それは売り場の中でも商品棚やガラスケースから離れた比較的広い場所で、転倒落下物の少ない場所を選んでいることがわかる。「あ、これはどこからでもよく見える安全ゾーンだ」と感心した。避難誘導係が誘導できない場合も想定し、地震発生時にお客さん自ら

写真４　安全ゾーン（転倒落下物の少ない閉じ込められない場所）

安全ゾーンを見つけ自ら退避できるようにしている。

不特定多数が出入りする施設だけでなく、家庭でも我が家の安全ゾーンを設定する必要がある。私が推奨する安全ゾーンは玄関である。内外の地震災害現場で玄関だけ残っている家をたくさん見て来た。調べてみると、他の場所に比べ玄関というのは狭いスペースに比較的柱の数が多い。建物のつくりや設計によっては絶対ではないが、玄関に行ってドアを開けるということは安全ゾーンに行くことであり、避難路確保につながる一石二鳥の安全行動である。初期微動（Ｐ波）の小さな揺れや緊急地震速報のときはまだ動けるはずである。もしかしたら空振りかもしれないが、小さな揺れや緊急地震速報を見たり聞いたりしたら、大揺れになるまで待たず、直ちに防災訓練と思って安全ゾーン（玄関）へ退避し、ドアを開け避難路を確保する。開けても手を離したらドアが締まってしまうので、サムターンを回し、手を離しても閉まらないようにしてから靴を履く。そこまでが防災訓練である。普段、小さな揺れや緊急地震速報で訓練と思って行動している人は「凍りつき症候群」（後述）にならないで命を守る行動がとれる。居室や寝室から玄関などの主要出入り口までは命の通り道。できるだけモノを置かないか固定し、ガラスには飛散防止フィルムを貼るなどの安全対策が必須である。これからは、寝る前に玄関に家族分履きやすい靴をそろえてから寝る習慣をつけると良い。それが地震列島日本に住む者の作法ではなかろうか。そして、閉じ込められた人を助ける訓練と共に、閉じ込められない訓練が必要である。

(3) 早期自主避難行動訓練

2015年関東・東北豪雨で自衛隊、海上保安庁、警察、消防などのヘリコプターで救助された人が1343人、地上の救助隊に救助された人は3128人、救助隊による救助者は合計4471人に上った。鬼怒川（茨城県常総市）や渋井川（宮城県大崎市）の決壊が昼間だったから迅速な救助活動ができたのかもしれない。特に悪天候の中、危険を冒してのヘリコプターによる救助は練磨した高度な技術と強い使命感がなければ任務は完遂できない。救助隊の諸士に心からの敬意と感謝を表したい。もし、これが夜間の決壊であれば犠牲者がさらに増えた可能性がある。常総市（人口6万2770人）には鬼怒川決壊を想定した洪水ハザードマップが作成されていた。今回の浸水箇所を見ると、ハザードマップの想定通りの区域であった。

マスコミや住民の一部などから「避難勧告や避難指示が適切に出されなかった」という批判が噴出した。常総市の高杉徹市長は記者会見で、避難情報を出さなかったことを認めた上で「大変申し訳なかった」と謝罪し、「決壊は想定していなかった。越水の想定だったため、住民から連絡があった地域にしか連絡しなかった」などと説明した。鬼怒川の堤防は9月10日午後0時50分ごろに決壊。市は、上三坂地区など6地区約350世帯の住民には決壊後の午後2時55分になってから避難指示を出していた。

こうした避難勧告、避難指示は「避難勧告等の判断・伝達マニュアル」に基づいて自治体首長が発令することになっている。適切なマニュアルが策定されていれば避難情報も適切に発令されたはずである。しかし、常総市によると、このマニュアルは2016年度までに整備する予定だったという。不思議な話ではある。そもそもこのマニュアル策定ガイドラインは、2004年の新潟・福島豪雨災害で自治体の避難情報が適切ではなかったことを踏まえ、翌年の2005年3月に国から各自治体へ策定を促すために出されたものである。その後何度か改定され、最近では2014年に改定が図られ2015年度から洪水時の情報提供などを盛り込んだガイドラインで見直しをするように通達されていた。それは河川ごとに極めて単純に避難勧告の判断基準の目安が示されていた。つまり、常総市がマニュアル策定の有無に関わらず、せめてこのガイドライン通りに実行していれば避難指示は迅速に発令できたと思われる。

しかし、一方で「適切に避難指示が出されていたら、住民は迅速に避難したであろうか？」という疑問もある。救助隊に救助された人たち18人にインタビューし、複数回答で答えてもらった。すると「避難指示が出されればすぐに避難しただろう」という人と「たぶん、避難しなかった」あるいは「避難しなかったかもしれない」と答えた人が約半数ずつだった。避難指示が出されていても避難しなかっただろうと答えた人に避難しない理由を挙げてもらうと「茨城県に特別警報が出されていたことは知っていたが、雨も弱く鬼怒川は決壊しないと思っていた」とか「昔は鬼怒川もよく氾濫したらしいが、最近は技術が進んでいるから鬼怒川は決壊しないと思っていた」などの「まさか鬼怒川が……」という人が7割に上った。「正常な状態が続くはず」「異常事態は起らない」「特別警報は過去にも出されたが洪水はなかったから」「特別警報も正常の範囲」「自分だけは大丈夫」とする正常性バイアスに陥っていたのかもしれない。

各地域の防災訓練で一番多い訓練は避難訓練である。しかし、避難訓練は自治体から避難指示や避難勧告の発令を前提として避難を開始している。又は、防災無線などで「ただいまから防災訓練を始めますので、○○中学校に避難してください」という放送、サイレン、防災メールなどで呼びかけられてから避難を開始する訓練が多い。つまり、自治体などから避難しなさいと言われなければ避難しない訓練になっているのだ。自治体は気象情報や周辺危険情報を出して、避難勧告が発令されなくても危険区域の住民が自ら判断し、自主避難する早期自主避難判断・行動訓練を実施すべきである。

避難情報が適切に発令されればそれに越したことはない。しかし、広島市土砂災害、伊豆大島土砂災害、長野県南木曽土砂災害、御嶽山噴火災害、関東・東北豪雨災害などで明らかなように、これまでの大規模災害では常に避難情報は後手に回っている。つまり、自治体からの避難情報は常に適切に発令されるとは限らないということである。「避難勧告が発令されなかったから避難しなかった」という人がいるが、誰かに避難しろといわれなければ避難しないというのもおかしな話である。それでは自分や家族の命をすべて誰かの判断に委ねてしまうことになる。それは行政能力の過大評価であり、かけがえのない命に対して無責任というそしりは免れない。もちろん、自治体の防災・避難情報は極めて重要情報である。だから、発令されれば当然避難すべきである。しかし、それでも避難しないのであれば何をかいわんやである。それに市区町村からの避難情報の適切さが期待できないとしたら、自分で気象情報や河川情報を取りに行くべきであり、その知識と意識を啓発するのも自治体や国の責任である。後から、避難情報が適切でなかったと言って謝罪されても失った命は戻らない、戻せないのである。今では、気象庁、気象台、国土交通省、河川管理者などのホームページを開けば、様々なリアルタイムの情報が得られる仕組みが準備されている。自分や家族の命を守るためには、リスク情報は待たずに取りに行く必要がある。高齢者や身体の不自由な人や情報の死角にいる人には、近くの人が情報を提供してあげて欲しい、同じ時代、同じ地域に住む人同士運命共同体なのだから。

2 命を守る災害別行動選択訓練

(1) 大規模地震から命を守るQ＆A

大規模地震から命を守る行動で絶対の法則はない。その人のいる場所や状況によって異なる。しかし、基本的な知識と訓練は必要である。それらをわかりやすく説明するため、よくある質問に答える形のQ＆Aをご覧いただきたい（一つの目安として）。

Q1 家にいるときに地震が発生したら、机の下？

A1 原則は「安全ゾーンへ退避する」ことである。

安全ゾーンというのは「転倒落下物の少ない閉じ込められない場所」である。「机の下に身を隠す」というのも間違いではない。例えば、それしか方法がない場合、身体が不自由で動くことができない場合、ほかに避難する余裕がない場合、極めて耐震性の高い建物の中にいた場合などは「堅固なテーブルや机の下などに身を隠す」行動で良いと思う。

しかし、どんな状況であっても「机の下に身を隠す」が正しいと決めつけるのはかえって危険である。古い木造建物だと倒壊する可能性があるからだ、また倒壊しないまでも天井が落下したり、ドアが変形して閉じ込められたりした場合に、万一火災が発生したりガス漏れが発生した場合、机の下に身を隠していたら逃げられなくなるおそれがある。だから机の下だけにとらわれず、小さな揺れや、緊急地震速報のときにドアを開けるなど避難路確保し、安全ゾーンへ退避することが大切（そのときの状況によって判断・行動する）。

ここが絶対安全と決めつけるのは危険。地震時の退避行動は状況（建物が古いか新しいか、構造、地盤地形、いる場所、室内の転倒物等の有無など）によってすべて異なる。日頃から状況ごとに今いる場所の安全ゾーンはどこか、どう退避したら安全か、退避しない方が安全か等をシミュレーションしておくべきである。余震が頻発するおそれがあるので、家が危険だと思ったら、安全と思われる避難場所で一時様子を見る。

家で安心して暮らせるように、建物の耐震診断、耐震補強は欠かせない。特に1981年以前に建てられた建物は耐震性が低いとされるので、確認が必要である。家全体の耐震化は費用がかさむので、現在では部屋の内部で組み立て、いざというときは安全ゾーンとしてその部屋に退避できる「地震シェルター」（写真14参照）もある。

Q2 オフィス、マンションで地震が発生したら？

A2 オフィスやマンションの構造や建築年数、耐震度、居る場所、状況によって安全行動は異なる。その建物が耐震、免震構造であれば、窓、ガラス、照明器具などの落下物から離れ、安全ゾーン（転倒落下物の少ない広い場所）に退避し、姿勢を低くして揺れが収まるのを待つ。安全ゾーンや広い場所がなければ、あるいは時間がなければデスクの下に身を隠す。ドアの近くにいる人はドアを開けて避難路を確保する。古い建物（1981年以前竣工）内にいたら、緊急地震速報や小さな揺れを感じた時点で、ドアを開け安全ゾーンへ退避する。鉄筋コンクリート造りでも安全ゾーンは転倒落下物の少ない閉じ込められない場所である。最悪その階が崩壊した場合にも次の階へ避難できる場所、例えば非常階段の階段室付近に退避する。階段。揺れている最中に階段を駆け下りるのは危険である。揺れが収まってから、安全な階段で避難階（通常1階）に徒歩で避難し、その後指定避難場所などに避難する（外部からの来訪者にもわかるように、安全ゾーンの標識（写真4）を掲出しておくとよい）。

Q3 高層階にいるときに地震が発生したら？

A3 高層階は低層階に比べ長周期地震動などにより揺れ幅が極めて大きくなる場合がある。地盤、建物の構造、耐震性能などによってそれぞれ異なり絶対安全とは言えないが、通常は一瞬にして倒壊する可能性は低い。それでも非構造部（天井、間仕切り、ドア・照明器具、什器備品等）の転倒・落下・損壊などにより負傷する危険性がある。

そのため、地震速報を確知したり地震の小さな揺れを感じたりしたら、窓、ガラス、照明器具などの落下物から離れ、転倒物の少ない広い場所に退避して大きな揺れに備えて、頑丈そうな構造物（手すりとか柱など）につかまる。もし、つかまるものがなければ窓から離れた机などの下に身体を隠し、しっかりと机の脚を両手でつかまって離さない。

揺れている最中、階段を駆け下りることは極めて危険。揺れが収まって、安全が確保できたら情報を確認する。ただし、火災やガス漏れなどが発生した場合は、直ちに安全な非常階段で1階に避難し、予め定められた避難場所に避難することが大切。高層階などでも部屋ごと、フロアごとに予め安全ゾーンを定めておく。（比較的安全なのは、エレベーターホールや階段室。その階に危険が及んだ場合、いつでも次の階に脱出できる避難経路にもなる。）

Q4 トイレが地震に強いというのは本当?

A4 必ずしもトイレが地震に強いとは言えない。

ここが絶対安全と決めつけるのは危険である。昔は「地震に強いのはトイレ」と言われてきたが、それは昔の木造建物の中における相対的な言葉である。昔の家のトイレは四方に太い柱があったが、最近の家はほとんどがユニット形式などで、四方に太い柱がない場合が多い。また、トイレは壁に囲まれていて出入り口は一か所で、昔と違ってドアも密閉性が高く地震の揺れでドアが変形すると閉じ込められるおそれもある。閉じ込められたときに自宅からだけでなく、周辺で火災やガス漏れが発生すれば逃げられなくなる危険性がある。

原則は、地震時にトイレにいたら、急いでドアを開け、玄関などの安全ゾーンへ移動することである。間に合わなければドアを開け、姿勢を低くして揺れが収まるのを待つこと。揺れが収まったら、玄関のドアを開けるなど避難路を確保した上で、周囲の様子を見る。余震が頻発するおそれがあるので、家が危険だと思ったら、安全と思われる避難場所で一時様子を見る。

Q5 「地震のときは、慌てて外へ飛び出すな」は正しいか？

A5 倒壊のおそれがある建物（古い木造家屋など）にいたら、家の外の安全ゾーンへ退避すべきである。以前から地震のときは「慌てて外へ飛び出すな」と言われてきたが、それも一理ある。それは、慌てて外へ飛び出すと、出入り口などの上から瓦、壁、ガラスなどの落下物によって負傷する危険性があると考えられていたからである。

しかし、倒壊の危険性やドアが変形するおそれのある古い住宅やビルであれば、建物が倒壊したり閉じ込められたりする危険性があるので、古い建物の1階にいたら出来るだけ早く外部の安全ゾーンへ退避すべきである。そのためにも、事前にドアの耐震化、出入り口などの落下物対策をしっかり行うことが前提となる。もし、倒壊の危険性が少ない、耐震性の高いビルなどであれば、あわてて外部に飛び出すことは危険である。特に市街地の場合、他のビルなどの壁やガラスが落下してくるおそれがある。安全なビルや建物であれば、建物の中の安全ゾーンへ退避する方が安全な場合もある。

Q6 地震のとき、古い木造家屋の2階にいたら？

A6 慌てて1階に降りない方が安全。

倒壊する危険性のある古い建物の1階にいたら事前に出入り口付近の落下物対策をした上で、直ちに外部の安全ゾーンへ退避した方が良い。だが、もし、そうした耐震性の低い建物の2階にいたら、慌てて1階に下りない方が良い。階段を踏みはずしたり、1階が倒壊したりする危険性があるからである。古い木造2階建ての場合、地震発生時は2階にいた方が潰れても隙間ができやすく、生き残れる可能性が高い（写真5）。同じ理由で、地震だけのことを考えれば寝室は2階の方が安全と言える。

　緊急地震速報や小さな地震の揺れを感じたら、ただちに「防災訓練」と思って安全ゾーンへ退避すべきである。地震発生時に伝搬される揺れを大別すると初期微動（P波）の小さな揺れと、主要動と呼ばれる大きな揺れ（S波）に分けられる。震源の場所によるが、地震発生時はS波の大揺れの前に、小さな揺れのP波が数秒から十数秒続く。また、近年では大揺れが到達する前に大地震発生をいち早く確認し、大揺れが来る前に知らせる緊急地震速報のシステムがある。つまり、緊急地震速報直後やP波のときは動くことが可能だが、S波の大揺れになってしまったら歩くことも立つこともできなくなる危険性がある。

写真5　古い木造の1階は脱出、2階にいたら慌てて1階に降りない

　これからは緊急地震速報を見たり、ドアや窓がカタカタ音を立てたりする地震の小さな揺れを感じたら、古い木造の建物の1階にいたら、直ちにドアを開け安全ゾーンへ移動することを優先すべきである。地震で大揺れになるとドアが変形することがあるので、小さな揺れや緊急地震速報で防災訓練と思ってドアを開けること、避難路の確保が大切である。もし、ドアが変形したり、天井が落下したりして閉じ込められたときに火災やガス漏れが発生したら逃げられなくなるおそれがあるからである。

　小さな揺れや緊急地震速報でドアを開け、安全ゾーンへ退避する癖をつけておけば、本当の大地震のときも慌てないで対応できる。しかし、ドアを開けても手を放すと閉まってしまうので、サムターンを回して手を放しても閉まらないようにすれば、後からでも出入りすることができる。ともかく、閉じ込められないようにすることである。そして靴を履くのである。普段から、小さな揺れや緊急地震速報は神様が与えてくれた防災訓練開始の合図と思って、ドアを開け、靴を履く癖をつけておくと慌てないで行動できる。

Q7 緊急地震速報とは？

A7 緊急地震速報とは地震発生後、大揺れが来る前に知らせるシステム。

緊急地震速報は、大揺れ（S波）より先に到達する小さな初期微動（P波）を観測し、震度5以上の揺れになる可能性のある地震と想定した場合、震度4以上の揺れになると想定される地域に発表される気象庁のシステムである。震源の距離によっても異なるが、大揺れが到達する数秒から十数秒前に知らせ、少しでも被害を少なくしようとするものである。しかし、深発地震（200km以深で発生する地震）の場合、震源の距離が極めて深いため地震波の減衰などもあり、緊急地震速報が発表されない場合もある。また、都市の真下で発生する直下地震のように震源が近い場合は、緊急地震速報が発表される前に大揺れが到達してしまう場合もある。つまり、地震が発生しても緊急地震速報が必ず大揺れが来る前に発表されるとは限らず、また、誤報や空振りもあることも認識しておく必要がある。それでも徐々に精度や確率は高まってきているので、緊急地震速報が発表されたら防災訓練と思って命を守る行動を取ることが大切。それがもし空振りだったとしても、命を守る防災訓練ができて良かったと思えば時間の無駄にはならない。また、緊急地震速報が発表されていなくても、小さな揺れを感じたらその場に合った安全ゾーンへ退避することも忘れてはならない。

Q8 木造家屋の安全ゾーンはどこ？

A8 絶対ではないが、比較的安全なのは玄関。

過去50年間、地震の現場を見てきたが、被災した木造家屋で玄関だけ残っていた家が多くみられた。玄関は居室と違い狭い面積にもかかわらず柱の数が多く配置されていることも要因のひとつかと思われる。（建物の設計によっては絶対ではないが）そうした意味から比較的地震に強いのは玄関ということができる。それに玄関に行ってドアを開けることで避難路確保にもなる。だから、緊急地震速報を見たり聞いたりしたとき、地震の揺れを感じたときに玄関のドアを開けに行くことは安全ゾーンへ行くことになる。ドアを開け、サムターンを回し、手を離しても閉まらないようにしてから靴を履く。これからは寝る前に、玄関に家族分履きやすい靴をそろえて寝ること、それが地震列島日本に住む者の作法と心得る。

Q9 地下街や地下鉄の駅にいるとき地震に襲われたら？

A9 「まずは身の安全を図り、その場の安全ゾーンへ退避」そして「揺れが収まったら、非常口や階段などに殺到するパニックに巻き込まれないように安全に留意しつつ、できるだけ早めに地上へ避難」が大切。

地下街、地下鉄の駅にいるとき、地震の小さな揺れを感じたり、緊急地震速報を見たり聞いたりしたとき、その場その場の安全ゾーンへ退避する。地下街などの安全ゾーンとは、照明器具、電光掲示板、ガラス、陳列棚、落下物等から離れた、太い柱の陰など、転倒落下物の少ないガラスが飛散しない場所である。多くの人が慌ててむやみに走り出した中に入るのは危険。太い柱の陰に身を隠し、そうした流れをやり過ごすことも大切。

地下街、地下鉄駅などで怖いのは津波だけでなく、地下の密閉空間では火災、ガス漏れ、停電、パニックに巻き込まれることなど、様々なリスク要因が想定されるため、そこで災害が発生すると群集に流され平常心を失ってしまう場合もある。地下街や地下鉄駅などの地下空間では、密閉された地下にいるということを認識しただけで不安が増幅されパニックが起きやすい。いったん安全ゾーン（太い柱の陰など）へ退避し、身の安全を確保した後、揺れが収まったら、パニックに巻き込まれないよう用心しながら、安全そうな避難口から早めに地上に退避することが大切である。

Q10 地下は地震に強いと言われるがそれは本当？

A10 地上の構造物より地下の構造物の方が地震に強いといわれているが、地下がすべて絶対安全とまでは言えない。

一般的に地上に比べて地下構造物の方が地震の揺れには強いと考えられており、一定の耐震性はあると思われる。しかし、地下が全部安全とは限らない。建物の構造、劣化などにより倒壊する可能性も否定できない。

例えば阪神・淡路大震災のとき、私は大阪にいて2時間後に現地に入った。西宮、芦屋を経て神戸市に入ると、兵庫区の大開大通りが道路ごと陥没していた。なぜ、これほど広い範囲が陥没したのかと疑問に思って調べてみると、道路下にある阪神電気鉄道神戸高速線の地下鉄大開駅が崩壊していたのである。そこは海に近く地盤のぜい弱な場所であった。つまり地下が絶対安全とは言えない。その場その場で身の安全を確保した後、揺れが収まったら慌てず、しかし早めに地上に脱出することが大切。ただし、その場合でも、地上の出口周辺で火災やガス漏れ等が発生していないか安全を見極める必要がある。地上の出入り口が危険と判断したら、他のビルとの連絡通路など他の出入り口を捜す。

Q11 地下鉄に乗っているとき地震に遭遇したら？

A11 原則は、係員の指示を待つ。

地下鉄の線路やトンネル内には高圧電線などがあることが多いので、慌てて線路上へ飛び出すのは危険である。ただし、火災が発生したり、煙やガスが充満したり、浸水のおそれがある場合にもかかわらず、係員の指示がない場合、周囲の人に声をかけ自分たちの判断で非常用コックを開いて避難すべきである。緊急時は、係員の指示を待つのが原則だが、係員の判断が絶対正しいとは限らないからである。

例えば、２０１１年5月、ＪＲ北海道のトンネル火災事故では、トンネルと車両内に煙が充満しているにもかかわらず係員の適切な避難誘導はなかった。煙が充満してきて危険と察知した乗客たちが自分たちの判断で脱出して助かった。それでも約90人の負傷者が出たのである。ＪＲ北海道における火災発生時のマニュアルが誤っていたのだが、焼け焦げた列車の残骸から判断して、もし、避難が遅れていたら多数の犠牲者が出たと推測されている。

Q12 車を運転中に緊急地震速報や地震の揺れを感じたら？

A12 ハザードランプを点滅させ、前後の車に注意しつつ徐行し左側に寄せて停車する。前後の車が地震や緊急地震速報に気付いていない場合があるので、急ブレーキをかけるのは危険。安全な路肩に停車した後、ラジオで地震情報や津波警報を確認しながら、そこが被災地であれば横道に逸れて広場や駐車場に停める。幹線道路に停めると緊急車両通行の妨げになる可能性があるからである。高速道路の場合、近くにパーキングエリア、サービスエリアがあればそこへ移動して様子を見る。特に崩れそうな崖、橋などの近くにいたら、その場所から少しでも離れることが大切。広場、駐車場、路肩などに車を停めたあと、車から離れて避難するとき、原則はキーを付けたまま、ドアをロックせず、連絡先のメモを残し、車検証を持って徒歩で避難する。

海岸付近で津波のおそれがある場所なら、いち早く高台方面に避難する必要がある。市街地に近い場所だと、みんなが車で避難しようとして道路が大渋滞に陥り、多くの人が車ごと津波に流された悲劇もある。その場所の状況によっては徒歩で避難すべきか車で避難するかを判断する必要がある。

阪神・淡路大震災のとき、二時間後の現地で見たのは損壊した車があちこちで道路に放置された光景であった（写真6）。運転していた人に聞くと「最初は何が起きたのかわからなかった。頭が天井にゴツンゴツンとぶつかり、ハンドルもブレーキも利かなかった。気が付いたら車はガードレールに突っ込んでいて動かなくなっていた」と。だからこそ、緊急地震速報や小さな揺れを感じた時点でハザードランプを点滅させ、前後の車に注意しながら左側の路肩に停車する必要がある。

写真６　地震でコントロール不能となった車両（阪神・淡路大震災）

もし、動かなくなった車が道路に放置したままで、通行の妨げになっていたら、周囲の人と力を合わせて、路肩や歩道に寄せて幹線道路を開けることが大切。それによって救助隊や消防隊の車両が通れるようになる。それも地震列島日本に住む者の作法である。

Q13 デパートやスーパーマーケットにいた場合、地震が起きたら？

A13 まず、その場で身の安全を図り、係員の指示に従うことが原則。陳列棚や、ガラス、照明器具などの転倒落下物から離れ、少しでも広い場所に移動する。係員が避難誘導している場合は係員の指示に従う。最近は安全ゾーン（地震一時避難場所など）を設けているお店も多い（写真4）。普段でも買い物に行ったら店内に掲示してある避難経路図で非常口、安全ゾーンなどを確認しておくとよい。安全そうな店舗であれば、あわてて外へ出ない方が良い。周囲の建物から壁や看板などが落下する危険があるからである。原則は係員の指示に従うことだが、阪神・淡路大震災やこれまでの世界中の主な地震の映像を見ると、地震直後はもの凄い音にかき消されてしまうことがわかっている。ましてや、震度6強以上の揺れに見舞われたら、どれほど落ち着いた係員でも自分の命を守るので精いっぱいになってしまうはずである。防災訓練のように「地震発生時は、お客様を安全な場所に避難誘導する」ということは期待できないのである。

もし、係員の指示もなく、安全ゾーンもわからない場合は、転倒落下物のなさそうな広いスペースで身体を低くして揺れが収まるのを待つことが肝要。大地震が発生すると、店内の灯りが消えてしまう場合がある。そのときは床や壁に設置されている通路誘導灯や天井に取り付けられている非常口誘導灯を目安に安全な場所に避難する。それもわからない場合は、エレベーターホールか階段室に避難すると良い。エレベーターホールや階段室は比較的物が置いてないため、転倒落下物が少なく、丈夫な構造に造られていることが多いためである。

Q14　街中を歩いているとき、地震が起きたら?

A14　建物から離れること、離れられない場所であれば安全そうなビルの陰かビルの中に入る。街中で地震が発生したとき、危険なのはガラス、壁、看板などの落下物である。阪神・淡路大震災のとき驚いたのは街なかの歩道である。ガラスなどの落下物で足の踏み場もなかった（写真7）。割れたガラスが一面に飛び散る中、看板、はがれた壁、屋上にあったと思われるエアコン屋外機の残骸などが落下していた。もし、歩道

写真７　歩道に散乱する落下物
（阪神・淡路大震災）

を歩いているとき地震に遭遇したら、持っているバッグなどを頭の上にかざし、安全そうなビルの中に入ってしまう方が良い。バッグは頭にぴったり着けるのではなく、頭とバッグの間が少しでも空間ができるように頭の上にかざすのである。頭にぴったりくっつけていると、重いものや固いものが落下して来たとき衝撃がじかに伝わり首の骨折などを招く危険性もある。

地震で道路に飛び出すのは危険。車が暴走してくる可能性があるからだ。岩手・宮城内陸地震のとき、一関市郊外で周囲の建物に被害がないにもかかわらず死者が出ていた。その現場に行ってみると、そこは店舗前の路上だった。店内にいた60代の男性が地震の揺れに驚いて店の前の道路に飛び出したとき、地震の揺れでコントロールを失った２ｔトラックにはねられて死亡したのである。地震発生時、道路は車が暴走する危険性があるので、子供たちにも登下校時、地震時は道路に飛び出さないように注意を促しておく必要がある。

Q15　エレベーターに乗っているとき地震にあったら?

A15　念のため、すべての行き先階ボタンを押して、停まった階で降り階段で避難する。最近のエレベーターには地震時管制運転装置が設置されていて、地震の初期微動（Ｐ波）を感知すると自動的に最寄階に停止するようになっている。しかし、その装置が設置されていないエレベーターもあるので、念のため全ての階のボタンを押し、停まった階で降りて階段で避難するのが原則。

Q16 エレベーターに閉じ込められた場合は？

A16 設置されている緊急連絡ボタン（インターホン）で外部と連絡を取り、慌てず救助を待つ。地震時管制運転装置が設置されていないエレベーターや、設置されていても突然、大揺れに襲われた場合、エレベーターの損傷を防ぐため、階と階の途中でもエレベーターが停止する場合がある。

エレベーターで閉じ込められた場合、まずは、戸開ボタンを押して戸が開くかどうか、すべての行き先階ボタンを押して他の階に移動できないかどうか、試してみる。開かない場合は、緊急連絡ボタン（インターホン）や緊急連絡先などで外部へ救助を要請し、係員の到着を待つ。換気口などもあるので窒息する心配はない。最近のエレベーターには閉じ込められを想定し、エレベーター防災セット（トイレ等）が設置されているものもある。

Q17 地震のとき、最優先は火を消すこと？

A17 目の前で火を使っていたら、直ちに火を消す。もし、火元から離れていたら、まずはその場で身の安全確保が最優先である。以前は「地震だ！　火を消せ！」が合言葉であった。しかし1993年1月に発生した釧路沖地震のあと「地震！　まず身の安全、そして火を消せ！」に変わった。釧路沖地震発生時、揺れている最中に火を消そうとして、ストーブの上に載せてあった加湿容器からの熱湯を浴び、多くの人がやけどを負ってしまった。それ以来「地震！　まず身の安全、そして火を消せ」と言うようになった。

しかし、地震時の火災は消防力も低下するため大火になりやすいので、「火は出さない」「火が出たら小さなうちに初期消火」が基本である。キッチンで使用するガスや暖房機器には地震を感知すると自動遮断する装置が付いている。目の前で火を使っていたら直ちに火を消すべきだが、離れていたら揺れが収まってから火の元を確認すればよい。

Q18 地震後、停電していたらローソクを点けてもいい?

A18 地震直後は火気厳禁である。地震によって停電が発生することが多いが、地震直後は火気厳禁を厳守しなければならない。阪神・淡路大震災は冬の朝5時46分の地震で、外は真っ暗だった。すぐに停電になったので、仏壇などのローソクに火を点けたとたんに漏れていたガスに引火して火災になったケースがあった。余震も多発するのでガスの元栓を閉じ、ガス漏えいの有無など安全を確認するまでは火は使わないようにするのがマナーである。

もし、ガスのにおいがしたら、換気扇のスイッチなどに手を触れない方がいい。スイッチの火花で爆発することもある。ガスの臭いがしたら、ただちに窓や出入り口などの開口部を開け、ガスの元栓を閉じ、その場から離れて、火を使わないように近隣に呼び掛ける必要がある。そして、消防署とガス会社に連絡する。

Q19 通電火災とは?

A19 停電が復旧したとき、壊れた配線や電気器具から出火することを通電火災という。地震直後に壊れた電気器具などから出火する場合もあるが、阪神・淡路大震災時には地震から2~3日後に電気が復旧した地域から火災が発生した。それらの多くが壊れた配線器具や電気器具などの通電火災と推定されている。使用途中で電源が入ったままの電気ストーブ、ヘアドライヤー、熱帯魚のヒーターなどに通電されての出火も報告されている。

こうした通電火災を防ぐために、避難するときはブレーカーを落とすことが大切。しかし、建物が損壊したりモノが散乱したりしている中でブレーカーを手動で遮断することが困難な場合やショックなどで失念してしまう場合がある。そこで、地震の揺れを感知して自動的にブレーカーを落とす「感震ブレーカー」や「感震器付分電盤」を設置しておくと安心である。そして停電が復旧したときは、一度に電気器具をつながずに、一つひとつ安全を確認しながらコンセントに差し込み、しばらく様子を見守ることも大切。

Q20 災害直後のお勧め非常食備蓄は？

A20 例えば大地震発生直後は、停電、断水、ガス停止などインフラが停止した中で、さらに余震が頻発する可能性もある。火を使わず調理しないで食べられる物、例えば温めずに食べられるカレー、保存用味噌汁缶、ポテトサラダ缶、リゾット缶、乾パン、おかゆや赤飯の缶詰、ビスコ保存缶などの保存用ビスケット、家族の好きなもの、消化しやすいもの、栄養バランスの良いもの、コンパクトに保存できるものがお勧め。

Q21 在宅避難生活用のお勧め非常食備蓄とは？

A21 災害時に避難所で暮らす人は、家が壊れて住めない人や危険が迫っていて自宅で暮らせない人である。家の安全が確保できた人、つまり大部分の人は災害後も電気、ガス、水道が途絶えた中、自宅で暮らすことになる。それを在宅避難生活と呼ぶ。事前に飲料水やカセットコンロなどを準備しておくことが大切。災害直後の非常食は調理せずに食べられるものがお勧めだが、インフラ断絶が続き、救援物資が行きわたるまで1週間程度暮らすための備蓄が必要。

とはいっても、「非常食備蓄！」などと肩に力を入れて行うのは長続きしない。まずは普段使いの食品を少しずつ余分に買い置きしておく。例えば、カップ麺などのインスタント食品も以前は2～4か月程度の賞味期限であったが、最近は6～8か月程度に賞味期限も延びている。そうした普段日常的に使うものを少し多めに買い、買ったときにマジックで期限を大きく見やすいように書き、古いものから消費していくのがコツ。

在宅避難生活用非常食としては前述の災害直後用の非常食と併せ、粉ミルク、ヌードル缶、マジックライス、アルファ化米など試食してみて美味しいもの、家族の嗜好に合うものを備蓄しておく。そして、月に2回程度非常食デーを設けて食べた分だけ買い足しておく。これをローリングストック法という。

心がけるべきは災害後に配られる物資や手に入る食材の多くは炭水化物等が主体ということ。不足しがちなたんぱく質、繊維質、ビタミン、ミネラルなどを補給できるものを工夫して用意する。例えば、1人用の缶詰シリーズには豆と牛蒡の煮たものやヒジキなど栄養バランスが考えられている物もある。前述の温めずに食べられるカレーは温めても食べられるし栄養バランスに優れている。そのほかにもスルメや乾燥豆腐、果物の缶詰などもお勧め。いずれにしても家族と一緒に試食して気に入ったものを備蓄するのが一番である。

Q22 山間地にいるとき、地震が発生したら?

A22 地震が発生すると、山間地では土砂災害や上流ダムからの洪水が発生することがある。関東大震災時には地震の揺れだけでなく土砂災害で犠牲になった人が900人以上に上る。山間地といってもその状況によって安全行動は異なるが、緊急地震速報や小さな地震の揺れを感じたら、斜面やがけから離れ平らな広い場所へ移動することが原則。沢、谷、川、橋などから離れること。岩手・宮城内陸地震の際、上流からの土石流で流された旅館をはじめ山間地の落橋やがけ崩れなどで死傷者が出ている。安全ゾーンへ移動する間もなく大揺れになったら、落石などに備えヘルメットがあれば被り、無ければ持っている荷物などで頭や首筋を守る。その場の少しでも安全そうな場所に退避し、姿勢を低くして揺れが収まるのを待つ。揺れが収まったら、余震や二次災害（土石流、がけ崩れ、落石）に備え、前述の危険な場所から少しでも安全な場所に退避する。

Q23 スキー場にいるとき、地震が発生したら？

A23 積雪の深い山間地であれば、地震の揺れによる雪崩に注意する必要がある。斜面や雪庇（積もった雪がひさしのように突き出していて落下しやすい）などから離れ、極力平らで広い場所に移動し、姿勢を低くし揺れが収まるのを待つこと。大地震の場合はその後も余震が続く可能性があるので、雪崩など周囲の状況に注意しつつ、より安全そうな場所に退避する。

Q24 旅館やホテルにいるとき、地震が発生したら？

A24 旅館やホテルに着いたら、エレベーターホール、階段室、通路、室内の扉などに貼ってある避難経路図で非常口を2か所以上確認する。非常口は各部屋から二方向避難できるように配置されているので、念のため部屋から二つの非常口まで歩いてみておくことが大切。歩きながら、消火器や誘導灯の位置も確認しておくと煙の中を避難するときも一定の方向や距離感が確認できる。室内には懐中電灯が準備されているので一度点灯してみる。

緊急地震速報や地震の揺れを感じたら、窓ガラスや落下物から離れ、避難路確保のためにドアを開け、サムターンかドアストッパーで揺れによってドアが変形しても出られるようにする。ベッドにいたら布団をかぶって体を丸め、揺れが収まるのを待つ。揺れが収まったら、館内放送に注意し係員の指示に従う。指示がない場合は、エレベーターは使わず非常階段で1階又はフロント階まで歩いて避難する。

Q25 野球やサッカー観戦中、地震が発生したら？

A25 野球場やサッカー競技場にいるとき地震が発生した場合に怖いのは、観衆がパニック状態に陥り一斉に出入口や通路に殺到して将棋倒しになること。野球場や競技場では施設の屋根が損壊しない限り、転倒落下物の危険性は低い。慌てて通路や競技場に飛び出さず、自席で姿勢を低くして揺れが収まるのを待つこと。揺れが収まって、みんなが落ち着くまで慌てて行動しない。多くの場合、野球場や競技場の方が市街地に出ていくより安全が確保できる。パニックに巻き込まれないように、パニックを起こさないように周囲に「落ち着いて！」と声を掛ける。

写真8　コンサートホールや映画館は座席の下にヘルメットを設置すべき

Q26 映画館やコンサート会場にいるとき、地震が発生したら？

A26 映画館やコンサート会場にいるとき地震が発生して怖いのはパニックに巻き込まれることと、落下物や火災・煙である。みんなが一斉に非常口に殺到すれば将棋倒しで圧死の危険性がある。緊急地震速報や地震の揺れを感じたら、自席の椅子と前の椅子との間に身をかがめ、持っているバッグなどで頭や首筋を守り身体を縮めて揺れが収まるのを待つ。揺れが収まったら、館内放送や係員の指示に従う。避難するときは非常口に近い人から避難することが原則。コンサート会場やホールなどの施設管理者は、座席の下にヘルメットを用意することがスマート防災である（写真8）。

Q27　海岸近くにいるとき、地震が発生したら？

A27　まず身の安全を図り、そして揺れが収まったら「高台か近くの高いビルに避難」が原則である。海岸近くで緊急地震速報を聞いたり地震の揺れを感じたりしたら、まずは身の安全を図るためその場の安全ゾーンへ退避する。揺れが収まったら津波警報の有無にかかわらず、ただちに念のため高台か近くの高いビル（4階以上）に避難する。

3　津波防災

(1)　山村武彦の津波防災3か条

第1条　グラッときたら、津波警報！　津波・洪水逃げるが勝ち！

地震の揺れを感じたとき、緊急地震速報を見たり聞いたりしたとき、海岸周辺や海岸近くの河川周辺にいたら、津波警報と思って1秒でも早く、1mでも高い高台に避難すること。津波警報を待ってからとか、誰かに言われて避難するのではなく、防災訓練と思って自分で判断して早期自主避難を開始する。

津波や洪水は「早期避難に勝る対策無し」「津波や洪水は逃げるが勝ち」。明治三陸地震津波のときは「震度3」の小さな揺れだった。しかし、その30分後に大津波が襲い2万人以上が犠牲になった。小さな揺れだからといって油断せず、防災訓練と思って念のため避難する。避難するときは、大声で「津波が来るぞー、逃げろー」と大声を上げながら駆け足で逃げる。人は誰かが逃げるとつられて逃げるものである。あなたの声が「津波警報」となる。

第2条　俗説を信じず、最悪を想定して行動せよ

津波はいつも同じパターンで同じ場所を襲って来るとは限らない。一度引いてから押し寄せてくる津波もあれば、いきなり高波が襲ってくる場合もある。また、前回襲われなかった海岸が次のときは大津波に襲われたこともあるので、常に最悪を考えて行動すべき。「波が引いてから津波が来る」とか「ここは過去津波がきたことがない」などの俗説を信じてはいけない。防災訓練と思って声を上げながら、駆け足で避難する。

第3条　健常者は車を使わず・遠くより、高く、一度避難したら戻らない！

「津波は高台へ逃げるが勝ち」、しかし海岸付近にいて、高台まで避難できそうもないときは、ビルの4階以上に避難させてもらうことである。地域によっては海岸線にあるビルの協力を得て津波避難ビルとしたり、津波シェルターを設置したりしている。車で避難するのは条件付きで危険である。北海道南西沖地震（1993年）や東日本大震災のとき、車で避難しようとした人たちで狭い道路が大渋滞し、車ごと津波に飲み込まれ多くの犠牲者を出した（しかし、高齢者や障害者などの災害時要配慮者を短時間に高台に避難させるには車を使わなければならない。だから健常者は極力駆け足で避難し要配慮者の通行の妨げにならないよう心掛けるのが原則）。

そして、いったん避難したら第一波が小さかったからといって自宅へ戻ったりしないことである。津波は繰り返し襲ってくる。そして、一波よりそのあとの波の方が高くなる場合もある。東日本大震災では、せっかく避難した人が、第一波の津波がさほど大きくなかった。そして、その後1時間たっても津波が襲ってくる気配もないと判断し、周囲の人が止めるのも聞かずに自宅へ戻っていって、約2時間後に襲ってきた大津

波で流されてしまったこともある。警報が解除されるまでは「念のため避難」を続けることが大切。

4 「津波防災地域づくり法」の主なポイント

東日本大震災後の２０１１年12月14日、津波に関する法律が創設・施行された。法律名は「津波防災地域づくりに関する法律（津波防災地域づくり法）」である。主管は国土交通省。―この法律の目的は、津波による災害の防止等の効果が高く、将来にわたって安心して暮らすことのできる安全な地域の整備等を総合的に推進することにより、津波による災害から国民の生命、身体及び財産の保護を図るため、市町村による推進計画の作成、推進計画の区域における所要の措置、津波災害警戒区域における警戒避難体制の整備並びに津波災害特別警戒区域における一定の開発行為及び建築物の建築等の制限に関する措置等について定める（国土交通省ＨＰ）―。としている。

つまり、土砂災害防止法の津波バージョンが津波災害防止法で、ハード・ソフトの施策を組み合わせて多重防護による津波防災の地域づくりを目指している。簡単に言うと、土砂災害の危険区域を警戒区域（イエローゾーン）と特別警戒区域（レッドゾーン）に指定したように、都道府県は「津波災害警戒区域」（イエローゾーン）及び「津波災害特別警戒区域」（オレンジゾーン・レッドゾーン）に指定することができるようになったということである。その主なポイントは、

・津波浸水想定の設定
・津波防災地域づくりを総合的に推進するための計画（推進計画）の作成
・津波防護施設（盛土構造物、閘門《こうもん》等）の新設・改良管理等

・津波災害警戒区域及び津波災害特別警戒区域の指定

この法律は最大クラス（レベル2）の津波から命を守るための多重防護の発想によるが、ここでいう最大クラス（レベル2）の津波とは、地域によって想定される最大クラスの地震・津波。例えば、日本海溝・千島海溝周辺地震、南海トラフ巨大地震、元禄型関東地震、相模トラフ沿いの地震などをいい、発生頻度が少ないものの最大クラスの地震が発生した場合、甚大被害をもたらす津波で、現在の科学的知見を基に、過去に発生した津波や今後発生が想定される津波から設定したもの。

⑴　津波災害警戒区域（イエローゾーン）

津波災害警戒区域（イエローゾーン）とは、最大クラスの津波が発生した場合に、住民等の生命又は身体に危害が生ずるおそれがある区域で、津波による人的災害を防止するため、津波から「逃げる」ことができるよう、警戒避難体制を特に整備すべきとして都道府県知事が指定する区域をいう。イエローゾーンの指定区域に対しては、

① 市町村地域防災計画への津波警戒避難体制（避難施設・避難経路、津波避難訓練、情報伝達等）に関する事項の記載
② 市町村による津波ハザードマップの作成
③ 市町村による避難施設の指定・管理協定（承継効有り）の締結

税制改正としては、管理協定が締結された避難施設の避難用スペース等に関する固定資産税の標準について5年間1／2とする。

⑵　津波災害特別警戒区域（オレンジゾーン・レッドゾーン）

津波災害特別警戒区域（オレンジゾーン）とは、最大クラスの津波が発生した場合に、建築物が損壊又は浸水し、住民等の生命又は身体に著しい危害が生ずるおそれがある区域で、特に防災上の配慮を要する方々が利用する社会福祉施設、学校、医療施設の建築とそのための開発行為に関して、居室の床面の高さや構造等を津波に対して安全なものとするために都道府県知事が指定する区域をいう。

同じ津波災害特別警戒区域でもレッドゾーンは、オレンジゾーンのうち特に迅速な避難が困難な区域で、住宅など市町の条例で定める用途の建築とそのための開発行為に関して、居室の床面の高さや構造等を津波に対して安全なものとするために市町村条例で指定する区域である。

この津波災害警戒区域指定作業はすでに一部地域で始まっている。南海トラフ巨大地震で甚大被害発生が懸念される静岡県でも建築制限等の規制の少ない警戒区域指定の作業から進めている。土砂災害防止法が制定されたときのキャッチフレーズは「行政の知らせる努力、住民の知る努力」であったが、津波防災地域づくり法の主な目的は「最大クラスの津波が発生した際も、何としても人命を守る」ということである。そのために津波浸水想定の設定、推進計画作成、防護施設の新設・改良、警戒区域と特別警戒区域の指定だけでいいのだろうか。防護施設（盛土構造物、閘門等）の津波対応力の目安として、発生頻度は低いが発生すれば甚大被害をもたらす最大クラスの津波（レベル２）は対象外で、発生頻度の高いレベル１の地震による津波からの防護施設である。現実的な考え方ではあるが、この対策では、発生頻度は極めて低いが甚大な被害をもたらす最大クラス津波で警戒区域に指定された地域の「どうやっても逃げきれない人たちはどうするのか？　高齢者、障害者、乳幼児等の要配慮者たちを見殺しにするのか？」の問いには答えていない。

5 「逃げる防災」から、安全な場所に住む（する）防災へ

従来の津波や洪水災害に対する防災は、逃げるが主体であった。しかし、高齢化社会の今日、逃げることが困難な高齢者や障害者などに対して、それだけでは効果のある防災対策とは言えない。近くの人が避難誘導するというが、その近くの人も高齢者の方が多くなる時代である。特に、国や自治体の被害想定で津波災害警戒区域に指定され、地震発生後5分以内に15ｍの津波到達想定地域で足腰の弱い高齢者は逃げ切れるわけがない。というより絶望的ですらある。発表された被害想定は一つの仮説であったとしても、いったん、数字が発表されれば数字だけが独り歩きして、地震イコール大津波が短時間に襲うという最悪の図式だけが空しさと共に残る。「発生頻度は極めて低いから、それほど心配しなくても」は、決して慰めの言葉にはならない。最悪の被害想定を発表するなら、そして何としても人命を守る法律を作ったのであれば、逃げきれないと思っている人の命を守る方策も一緒に発表すべきではないか。「早期避難に勝る対策なし」と言っても、避難したくても自力で避難できない人に対して、解決策が提示できなければ単に絶望感を与えるだけになる。

こうした課題を解決するために提案するのは「逃げる防災」と合わせて「安全な場所に住む（する）防災」の推進である。過去、繰り返し土砂災害・洪水・津波に襲われてきた地域で、迅速避難が困難な人や世帯に予め安全な高台に移転してもらうことである。東日本大震災で集団高台移転が進められている。災害が発生し犠牲者を出してから次の災害に備えることは重要だが、それだけでは、すでに今危険にさらされている地域の人の命は取り返しのつかないことになる。そこで災害前の事前集団移転事業の推進が重要となる。土砂

災害防止法による特別警戒区域指定に際し、「住民等の生命又は身体に著しい危害が生じるおそれが大きい」と認めるときは建築物の所有者等に対し、集団移転等の勧告制度があるが、津波防災地域づくり法には移転等の勧告制度は設けられていない。であれば、従来からある防災集団移転事業制度を利活用すべきである。

(1)　防災集団移転事業制度

①　目　的

災害が発生した地域又は災害危険区域のうち、住民の居住に適当でないと認められる区域内にある住居の集団移転を促進するため、当該地方公共団体に対し、事業費の一部補助を行い、防災のための集団移転促進事業の円滑な推進を図るもの。

②　事業の概要

事業計画の策定等、市町村は、移転促進区域の設定、住宅団地の整備、移転者に対する助成等について、国土交通大臣と協議し、その同意を得て、集団移転促進事業計画を定める。

移転促進区域：災害が発生した地域又は災害危険区域（建築基準法第39条）のうち、住民の生命、身体及び財産を災害から保護するため住居の集団的移転を促進することが適当であると認められる区域。

住宅団地の規模：10戸以上（移転しようとする住居の数が20戸を超える場合には、その半数以上の戸数）の規模であることが必要。（東日本大震災、新潟県中越地震被災地については特例あり）

③　事業主体

市町村（特別な場合は都道府県）

④　国の補助

以下の経費について、事業主体に対して補助を行う（補助率：3／4）（東日本大震災の被災地については特例あり）。

・住宅団地の用地取得造成
・移転者の住宅建設・土地購入に対する補助（借入金の利子相当額）
・住宅団地の公共施設の整備
・移転促進区域内の農地等の買い取り
・住宅団地内の共同作業所等

⑤　移転者の住居の移転に対する補助

市町村は、事業計画の策定に当たり、移転促進区域内の住民の意向を尊重し、移転促進区域内にあるすべての住居が移転されることとなるように配慮しなければならない。

⑵　災害予防住宅

東日本大震災の被災地域では、多くの地域でこの防災集団移転事業制度を利用して高台などへの集団移転を果たしている。東日本大震災後は、被災地復興事業や様々な特例等があって、集団移転が実現しやすい環境にある。しかし今、本当に推進が迫られているのは事前の防災集団移転である。特に津波防災地域づくり法に基づく津波防災警戒区域に指定された地域で、安全な場所に逃げたくても逃げられない人が住んでいる地域における災害前の集団移転事業である。現在の防災集団移転事業制度には「移転促進区域内にある全ての住居が移転されることとなるよう配慮しなければならない」となっている。つまり、その地域住民全員の移転でなければ、一人でも移転反対があれば実施できない原則となっている。集団移転希望地域があったとしても、こうした高いハードルに阻まれて実施することが極めて困難になっている。これでは絵に描いた餅でしかない。

さらに集団移転はあっても個人移転の制度はない。地震発生から数分〜10分以内に津波が到達する地域で、逃げたくても逃げられない高齢者や身体障害者などについては、個人移転でも支援する制度が必要である。また、年金暮らしの高齢者たちは移転する費用もエネルギーも捻出できない場合が多い。「津波から何としても人命を守る」と言うのであれば、危険度の高い一定地域の住宅や土地を国、自治体で買い上げて安全な場所に「災害予防住宅」を建設し高齢者たちに住んでもらえるような制度を作るべきではなかろうか。災害後に行方不明者の捜索、救助、仮設住宅建設、復旧復興などに莫大な費用をかけるよりよほど費用対効果は高いのである。

6　土砂災害に備える3つのポイント

(1)　自宅周辺のリスク確認

自分の住んでいる場所が「土砂災害警戒区域」や「土砂災害特別警戒区域」に指定されていないかを確認する。確認方法はその場所を管轄する市区町村のホームページなどや公開されているハザードマップでできる。ただし、土砂災害危険箇所に指定されていなくても、付近に「がけ地」や「沢」などがあれば注意が必要。

(2)　雨が降り出したら、土砂災害警戒情報に注意

雨が降り出したら、テレビ、ラジオ、気象庁ホームページなどで注意報や警報に注意する。特に「土砂災害警戒情報」に注意が必要。土砂災害警戒情報は、大雨による土砂災害発生の危険度が高まったときに、市

町村長が避難勧告などを発令する際の判断や住民の自主避難の参考となるよう、都道府県と気象庁が共同で発表する防災情報である。気象庁ホームページや各都道府県の砂防課などのホームページで確認できるほか、テレビやラジオの気象情報でも発表される。大雨による電波障害や停電などいざというときのために携帯ラジオを持っておくとよい。都道府県や市町村によっては、携帯電話などに自動的に土砂災害警戒情報を教えてくれるメールサービスもあるので事前に登録しておくとよい。

(3) 土砂災害警戒情報が発表されたら早めに「立ち退き避難」

住んでいる地域に土砂災害警戒情報が発表されたら、早めに近くの避難場所など、安全な場所に避難する。できるだけ、明るいうちの念のため避難が大切。また、強い雨や長雨のときなどは、市町村の防災行政無線や広報車による避難勧告や避難の呼びかけにも注意する。お年寄りや障害のある人など避難に時間がかかる人は、移動時間を考えて早めに避難させることが大切。自分が避難するときは隣近所にも声を掛ける。身体の不自由な人がいたら手を貸して一緒に避難する。

避難経路が危険であると判断した場合や夜間など避難が困難であれば斜面から離れた2階の安全な部屋へ避難する（屋内安全確保）。もし、夜間や未明に大雨の危険性があって、土砂災害の危険性のある場所であれば、明るいうちの予防的避難、つまり念のため早期自主避難を心がける必要がある。

(4) 土砂災害の予兆現象

土砂災害とは、がけ崩れ、地すべり、土石流をいう。

① がけ崩れ（急傾斜地崩壊）

がけ崩れとは、斜面の地表に近い部分が雨水の浸透や地震等でゆるみ、突然、崩れ落ちる現象。崩れ落ちるまでの時間が極めて短いため、人家の近くでは逃げ遅れが発生し、人命を失うことが多い。

■がけ崩れの予兆現象（必ず予兆があるとは限らない）

・がけにひび割れができる　・小石がバラバラと落ちてくる
・がけから水がわき出る　・湧水が止る・濁る
・地鳴りがする　・小さな崩落が起きる
・根切れの音がする　・樹木が傾く
・普段出ていない所から水が噴き出する　・腐った土の（腐葉土のような）匂いがする

②　地すべり

斜面の一部あるいは全部が地下水の影響と重力によって、ゆっくりと斜面下方に移動する現象。土塊の移動量が大きいため甚大被害が発生する。

■地すべりの主な予兆現象（必ず予兆があるとは限らない）

・地面にひび割れ・陥没　・がけや斜面から水が噴き出す
・井戸や沢の水が濁ったり止ったりする　・田んぼの水が引き、地割れができることがある
・樹木が傾く　・道路や斜面に亀裂や段差ができる
・建物からぎしぎしと音がする　・コンクリートや基礎にひび割れができる
・建物が傾いたり、建具に隙間ができたり閉まらなくなったりする

③　土石流

山腹や川底の石、土砂が長雨や集中豪雨などによって、大量の水と共に一気に下流へと押し流される現象。

時速20～40㎞程度の速度で一瞬のうちに人家や畑などを壊滅させる。

■土石流の予兆現象（必ず予兆があるとは限らない）

・山鳴りがする
・急に川の水が濁り、枯葉や流木が混ざり始める
・腐った土の匂いがする
・降雨が続いているのに川の水位が下がる
・立木が裂ける音や石がぶつかり合う音が聞こえる
・樹木が傾く

7 認知心理バイアスを理解し、呪縛を解く訓練

(1)「まさか……」という坂

「地震も津波もいつか必ず来ると思っていた。でも、それがまさか今日だったとは……」これは東日本大震災直後、被災地の某自治体職員から送られてきたメールの一部である。三陸地方は津波常襲地帯として、自治体職員も住民も十分認識していたはずである。しかし、防災担当職員でさえ「でも、まさか……」と慄然とさせてしまうのが災害である。いつ起きても不思議ではないと言われる南海トラフ巨大地震、首都直下地震のエリアに住む人たちも、災害が発生したとき、同じように愕然とすることになる可能性が高い。というのは、首都直下地震や南海トラフ巨大地震はきっといつか発生するだろうということは多くの人が理解している。しかし、それがいつ起きるかと聞くと「今日は起らないだろう」「明日もまだ起きないだろう」「まだ先だろう」と真剣に答えるのである。根拠を聞くと「なんとなく」などとあいまいである。こうした何の根拠もない災害に対する安全ボケにこちらの方が驚愕する。今夜起きるかもしれないのである。明日朝起きるかもしれないのだ。

以前、小泉純一郎元総理大臣が「人生には3つの坂がある、それは、「上り坂」と「下り坂」そして「まさか」

という坂だと言っていた。この3つの坂のうち「上り坂」と「下り坂」は、止まらずにたゆまず歩き続ければ、いつか上りきる、あるいは下りきることが出来る坂である。しかし、「まさか」という坂は、上り坂や下り坂とは次元の違う坂、想定外の坂である。だが、本当に想定外なのだろうか。国や自治体を始め、多くの学者や防災の専門家が「いつ起きても不思議ではない」と発生確率まで示して警告し続けている。それなのに津波や地震が発生することは想定していても、発生すると「まさか」というのは、発生する日時への認識というか発生確率に対する認識の甘さを露呈している。2014年に関東地方が豪雪に見舞われ、各地で立ち往生した車列、孤立地帯などができたとき「まさか、関東がこんな豪雪に見舞われるとは、思ってもみなかった」と話す自治体首長もいた。災害列島日本に住む以上、地震、津波、水害、土砂災害、噴火、豪雪などが発生する危険性はどこにでもある。その覚悟と最低限度の準備は怠ってはいけないのである。

(2) 防災の死角

東日本大震災の前年（2010年）がチリ地震津波（1960年）50周年だった。それもあって震災の1、2年前から岩手や宮城に招かれ講演やシンポジウム等を行っていた。そうしたご縁もあって、震災で被災地となった自治体の首長さんや防災担当者には顔なじみの人が多かった。先にも述べたが、震災の夜、某自治体の防災担当者に送った安否確認メールに「いつかきっと、大地震・大津波は来ると思っていました。でも、それがまさか今日だったとは……。そしてこれほどの津波とは……想定が甘く、多くの住民を死なせてしまった。申し訳ない」と、メールを返してきた。彼の心中を思うと胸が痛んだ。しかし、それは彼らの責任というより、認知心理バイアスという厄介な心を惑わせる悪魔の仕業である。

防災に死角があるとしたら、災害に対する偏見、思い込みなどの心理バイアスである。もちろん、ハードやシステムにも安全の死角はある。しかし、自分の命を自分で守るという防災の最も基本的原則を阻害するのは自分の心なのだ。「災害を正しく恐れる」という言葉があるが、心理バイアスが影響すると、災害を誤って認識することによって、災害そのものを軽視したり、危機意識を麻痺させたりしてしまうのである。その結果、予期せぬ災害に突発的に直面した際、誤った認識、誤った判断により、危険な行動をとってしまうこともある。人間は過去に遭遇した事象や、様々な情報から日々学習する優秀な頭脳を持っている。しかし、一方では潜在意識や間違った思い込みなどを自動的に払しょくする能力は低く固執する傾向にあるともいわれる。

世界中の災害現場を回ってきて感じるのは、防災マニュアルの策定、防災訓練計画などにはこの認知心理バイアスを組込まなければならないということである。このバイアスの存在を知り、正しく認識することで自らの呪縛を解き、危機に陥った人の命を守ることができる。

(3) 正常性バイアス

防災には死角がある、その大部分は人間の心に起因している。軍人、政治家、文筆家であったローマの英雄ユリウス・カエサル（紀元前100年～紀元前44年）が「人間ならば誰にでも、現実のすべてが見えるわけではない。多くの人は、見たいと欲する現実しか見ていない」（塩野七生著『ローマ人の物語14』）と喝破したように、人は見たくないものは見ず、聴きたくない話は、聴いても心に入らない。意識の指向性という感情バイアスは2000年前も今も変わっていない。そうやって紀元前から歴史は繰り返されてきたのかもしれない。大地震・大津波の発生頻度が高く、地震後は高台避難が必須であることは三陸地方の皆が知っていたはずである。だが、「それが、まさか今日だったとは……」と防災担当者をも愕然とさせてしまったのは「まだ先のことではないか」、「国や県の被害想定でうちの地域の津波は高くない」、「警報が出ても津波が来たことはない」というような思い込み、つまり正常性バイアスに陥っていたものと推測される。正常性バイアスとは、先入観にとらわれ、異常事態でも「正常の範囲」と誤認し、対応を誤る心理的傾向のことをいう（正常性の偏見ともいう）。

想定されていた宮城県沖地震は、東日本大震災よりも規模の小さな想定、とは言ってもM７～８前後の地震なので大揺れや大津波に見舞われる可能性が高かった。その発生確率は向こう30年以内に99％と予測されていた。つまり、２０１１年３月11日時点ですでに東北太平洋沿岸一帯は「大地震がいつ発生しても不思議ではない状態」という異常事態に突入していた。本来であれば非常事態宣言や非常態勢を取っていても不思議ではない。そういった認識があれば誰も「まさか」とは思わず愕然とすることもない。しかし、正常性バイアスは、異常事態に突入しつつあっても昨日も今日も平穏に過ぎている。そしてこれからもこの平穏は続くはず、「まだ正常の範囲」という偏見が警戒思考をも鈍らせてしまう。しかも、襲ってきたのは想定を大きく上回る巨大津波であった。

正常性バイアスは心を守る安全弁としての機能もある。小さな出来事でびくびくしていては神経がもたない。そこで、影響が少ないと判断した事象は、これは正常の範囲として過剰反応を抑制し心の安定を図ろうとする。津波警報が発令されてもいつも津波は来ず、警報の空振りが繰り返されると、脳は無意識のうちに学習し「津波警報は、不確実な事象」であり、異常ではなく正常の範囲に仕分けし認識してしまう。いつかは大地震が発生し大津波が襲うかもしれないが、いつ起きても不思議ではないと言われ続けてきたが、ずっと大地震は起きていない。これならこれからも起こらないだろう、起こらないでほしいという願望も手伝って、大地震や大津波が起こるとしてもまだずっと先だろうという何の根拠もない楽観に流れていく。

東日本大震災の約１年前の２０１０年２月27日、チリ地震が発生し、翌日日本でも太平洋沿岸に大津波警報（予想津波高３ｍ）などが発表され、一部地域に避難指示や避難勧告が出された。道路は通行規制が敷かれ、沿岸の電車は運行を見合わせ、海岸付近の住民は避難場所に避難し、一部企業は業務を縮減するなど50年前のチリ地震津波再来かと列島に緊張が走った。しかし、翌日襲来した津波は最大でも1・45ｍ（大槌漁港）で、幸い大きな被害には至らなかった。また、東日本大震災の２日前の２０１1年3月9日、三陸沖を震源とするＭ７・３の地震が発生。青森から福島の太平洋沿岸に津波注意報が発表されたが、このときも大船渡市の０・６ｍの津波が最大であった。地元新聞は翌日「予想される宮城県沖地震との直接の関係はないが、海溝近くの固着域が崩壊しているから、複数の断層面が同時に滑る『連動型』地震の危険性は下がったと思う」という次の地震が遠のいたかのような専門家コメントを掲載した。こうした伏線もあり、東日本大震災時には大津波に対する正常性バイアスが働き、事態を楽観視させ、判断を鈍らせ、避難のタイミングを失し犠牲者が増した可能性もある。

(4) アンカリングに惑わされてはいけない

私は震災後1週間目に被災地に入った。東京から運んだドリンク剤などを持って避難所と対策本部を回った。震災の1年前、南三陸町の三浦危機管理課長補佐たちと話し込んだ防災対策庁舎（写真9）は3階の屋上まで津波に洗われ、漂流物が垂れ下がりむきだしの鉄骨だけの無残な姿（写真10）となっていた。この町は50年前のチリ地震津波で、多くの被害を出したこともあり、町を挙げて津波防災に力を入れて取り組んできた。津波の恐ろしさを未来永劫忘れないようにと、50年前の津波を示す到達水位の標識が町中に掲出されていた。志津川のチリ地震津波記念公園内には２・６ｍの標識、公立志津川病院前には２・８ｍの標識が設置され、防災対策庁舎の前にも「昭和35年5月24日、チリ地震津波水位・２・４ｍ」の標識が建っていた。震災1年前、防災対策庁舎2階の雑談で、私は「町中に設置されているチリ地震津波の水位標識は、モニュメントとしていくつかを残し、ほかはできるだけ早く撤去すべきと思う。注意喚起のためと思うが、あれほどたくさんの標識があると、住民は知らず知らずに表示水位の数字にとらわれてしまい、避難行動の判断を誤る心配がある」というような話をした。「アンカリング」を懸念したからである。

アンカリングとは、いったん錨を下ろすと、船がアンカー（錨）の鎖の長さしか動けなくなってしまうのと同じように、最初にインプットされた数字や情報にとらわれてしまい、そのとらわれた数字を基準として物事を判断したり、行動や判断の自由が限られたりする心理的傾向をいう（繋留効果ともいう）。地震のあと、津波に警戒したとしてもあの水位以上に避難すれば助かるだろうという無意識のうちに刷り込まれた津波高さがアンカー（錨）となって、とっさの判断を鈍らせ避難行動を抑制してしまう危険があると考えたからである。

写真9　震災前の南三陸町防災対策庁舎（2010年2月筆者撮影）

写真10　東日本大震災後の南三陸町防災対策庁舎（2011年3月筆者撮影）

震災から1週間後、南三陸町の高台のスポーツセンター一角に設置された災害対策本部を訪ねると、憔悴しきった佐藤仁町長が迎えてくれた。佐藤町長は、防災対策庁舎の屋上に避難し津波で流されながらも九死に一生を得た人だが、その庁舎では多くの職員や住民が犠牲になっていた。その苦悩と復旧・復興に疲労の色がにじんでいた。三浦課長補佐の安否を尋ねると、町長は一瞬沈黙し「庁舎内にいたはずなのですが、まだ、見つかっていないのです」と辛そうに話した。

① 南三陸町・防災対策庁舎前の標識

防災対策庁舎2階の防災無線で最後まで住民に避難を呼び掛けていたのは危機管理課職員の遠藤未希さんと、その上司だった三浦毅課長補佐の2人。

―大津波警報が発令されました。町民の皆さんは早く、早く高台に避難してください―

遠藤さんの悲しいまでの悲痛な声が町中に響いた。庁舎を津波が襲う直前まで放送は続けられた。録音されていた放送には遠藤さんだけでなく三浦さんの声も残されている。防災無線の呼びかけは合計62回、そのうち18回は三浦さんが放送している。放送が途切れる少し前に入っていた「みきちゃん、もういいよ」の声は、三浦さんのものではないかとも言われている。最後、遠藤さんに代わって放送していたのは三浦さんだったのではという人も。2人の必死の呼びかけを聞いて避難した人は「あの放送がなければ死んでいたと思う」と感謝する人が多い。遠藤未来さんのご遺体は4月23日、捜索隊によって志津川湾で発見された。しかし、三浦さんの行方は今もわかっていない。

写真11　東日本大震災・南三陸町防災対策庁舎前の標識（2011年3月筆者撮影）

震災後、ご冥福を祈ろうと向かった防災対策庁舎の前に、チリ地震津波水位標識（2・4ｍ）が横倒しになり瓦礫と泥にまみれていた（写真11）。震災前に県から発表されていた宮城県沖地震における被害想定では、南三陸町志津川の想定津波高は6・9ｍだった。そして、14時50分ごろ、気象庁から「宮城県沿岸に大津波警報！　予想される津波の高さ6ｍ」。さらに15時14分、「予想される津波の高さ10ｍ」と予想津波高が変更される。高台に避難して助かった人に聞くと「津波6mの放送は聞いたが、すぐに避難を開始したので10mになったのは知らなかった」という人が多かった。災害防災情報はいかに最初が肝心かを物語っている。

②　被害想定の責任

チリ地震の2・4m、県の被害想定6・9m、気象庁の当初津波予想6m。こうした最初にインプットされた数字がアンカリングになっていたのではないだろうか。気象庁が最初に発表した予想津波高が6mなら、防災対策庁舎の屋上が12mなので、屋上に避難すれば助かると思っていた人も多かったのではと推測される。震災後「なぜ、もっと高台に避難しなかったのか」というような声も聞かれたが、その時点で最大津波高が10mであれば、12mの庁舎屋上で充分と思ったに違いない。佐藤町長以下、役所の職員たちも躊躇なく屋上に避難している。しかし、南三陸町を襲った津波は最大15・5m。「気象庁が発表する予想津波高は一つの目安」と後から言われても失われた命は戻ってこない。国が出す情報は信じるのが当たり前。そうした意味で被害想定と津波予報の責任は重い。

安全管理の専門家などが危機管理で犯す判断ミスをエキスパートエラーという。エキスパートエラーとは、警察、消防、専門学者などプロの防災関係者が危機管理において犯す判断ミスなどをいう。また、誤った専門家情報を過大評価して対処を誤ることもエキスパートエラーと呼ぶこともある。プロが出す情報だからといって過大評価してはいけないのである。自分の命を自分で守るということは、他者に依存しないで知識を学び自ら判断し「津波・洪水、逃げるが勝ち」で最悪に備えて行動すること、念のため高台避難が原則である。

しかし、人はバイアスにとらわれやすい。こうしたバイアスを回避する方法は、まずはバイアスの存在とその影響を学習し理解すること。そして、「今、自分は、うちの組織は、正常性バイアスにとらわれていないか、アンカリングに陥っていないか」と自問自省することである。大多数の人は「自分は偏見が少ない」という偏見の「バイアスの盲点」にとらわれる場合もある。バイアスの盲点とは、自分は偏見が少ないという思い込む傾向をいう、バイアスとは偏見から抜け出せない心理的傾向であるならば客観的な目で自問自省しつつ、今後起り得る最悪事態（ワーストシナリオ）と実行可能な選択肢を想起し、短時間に優先行動を判断・実行できるように訓練することが重要である。

(5) 凍りつき症候群

東日本大震災で、津波が襲ったときの映像を見ていた人が一斉に「えっ、なぜ？」と声を発したシーンがあった。ホームビデオで高台から撮影されたと思われるもので、どす黒い津波が道路を縦横に走り、押し寄せてくる映像だった。女性が大慌てでこちらへ向かって走ってくる姿がある中、60代くらいの男性が長靴を履いたまま、ゆっくり歩いている姿が映し出されていた。津波は男性の後ろ約10～15ｍに迫っていた。建物にぶつかり電柱をなぎ倒し、しぶきを上げながらどす黒い水が大蛇のように男性に向かっていく。撮影している近くの人たちの声が入っていた。「早ぐー」と女性、「あっ、あー」と男性の声。二人ともまるで悲鳴のような声だった。背後に音を立てて迫ってくる津波。気付いていないのか、男性は相変わらずゆっくりと歩いている。足や腰が悪いようには見えない。その直後、映像は切り替わってしまった。見ていた人たちは、その後男性がどうなったのか、怖くて誰も切り出せないまま沈黙した。

震災後、避難場所を回って避難者たちの聞き取り調査をしたとき、映像で見たのと同じような話をいくつも聞いた。「この人は、みんなが走っているのに、ゆっくり歩いているもんだから、津波にのみ込まれちまって流されたんよ。たまたまよその家の屋根が流れてきて、それにつかまっているところを運よく助けてもらったんだと」とか、「津波が来ているのに、ゆっくり歩いている人がいたので、足でも悪いのかと思って軽トラの荷台に引き上げて走った。後で聞いたら足が悪かったわけではないらしい」などなど。運良く助かった人たちにインタビューした。「あなたは、津波がすぐそばに来ているのがわかっていながら、なぜ、ゆっくり歩いていたのですか？　なぜ、走らなかったのですか？」と質問すると、ほとんどの人たちから同じような答えが返ってきた。「津波が来ているのは知っていたから、急いで避難しようとしていた。自分では走っているつもりだった。早く高台にいかなければ間に合わないと思って焦っていた。でもなぜか、足がすくんでゆっくりしか走れなかった」「なぜかいつものように身体が動かなかった」などで、共通しているのは身体が思うように動かなかったというフレーズである。そこには走ることを妨げるバイアス「凍りつき症候群」に陥っていた可能性がある。凍りつき症候群とは、予期せぬ事象が突発的に発生したとき、心と身体が凍り付いたように動けなくなってしまう心理的傾向をいう。

①　阪神・淡路大震災でも

阪神・淡路大震災発生時、神戸三宮で倒壊したコンビニから掘り起こされた防犯カメラの映像にも似たような光景が映っていた。店員がお客さんにお釣りを渡そうとしているところだった。普通お釣りを渡すときは、渡す方ももらう方も手元を見るものだが、その映像では二人ともなぜか入り口を見ている。入口のドアも映っているが、お客さんが入って来たわけでもないようだ。変な映像だと思って詳細に分析し直した。すると、二人がドアの方を振り向く直前、入口のドアがカタカタ音を立てて揺れはじめていたのである。震源地は淡路島北淡町。三宮のコンビニまでは直線距離だとわずかな距離である。阪神・淡路大震災のように震源の近い直下地震だとP波（Primary wave・第1波―初期微動）も、S波（Secondary wave・第2波―主要動）も同時にやって来ると言われていた。しかし、映像で見るかぎり、阪神・淡路大震災では先に小さな揺れがあって、その後凄まじい大揺れになっていた。この小さな揺れの間であれば動けるが、大揺れになったら歩くこともできないような揺れである。測ってみると震源が近いので小さな揺れが続いていた時間は約3・5秒程度しかない。しかし、コンビニの様子を再現実験してみると、2人のいた位置から1・5から2秒あると、外へ出られることがわかった。しかし、映像では二人ともお釣りを出そうとし、受け取ろうとしたままの格好でずっと固まっている。凍り付き症候群である。

このバイアスは、脳の動きが止る思考停止とは多少ニュアンスが異なる動きをするという。思考停止というより脳は激しく活動し同様の事象は過去に経験していないか、対処法は学習してこなかったかなど、短時間で答えを見つけようと懸命にデータベースとアクセスしているという。答えが見つからないとまた初めに戻り、現状確認、展開予測へと逆戻りし堂々巡りを繰り返す。思考そのものがまとまらないため、その間、心と身体が緩慢なマヒ状態の凍り付き症候群となってしまう。

②　予期せぬ突発的事象発生時、人間の3つの行動パターン

イギリスの心理学者ジョン・リーチ博士は著書『サバイバル心理学』などで、運悪く不意の災害に見舞われたとき、人の取る行動は次の3つのカテゴリーに分かれるとしている。

○落ち着いて行動できる人↓約10％
○我を失って泣き叫ぶ人↓約10～15％
○ショック状態に陥り呆然自失で何もできない人↓約75～80％

突発的に災害やアクシデントに見舞われると多くの人は恐怖とショックで、心と身体が固まり呆然自失状態に陥る。すぐに立ち直る人もいるが、ずっとその状態が続いてしまう人もいる。つまり「凍りつき症候群」である。ジョン・リーチ博士によると「予期せず突発的に災害や事故の直撃を受けたとき、脱出や避難できるチャンスが十分にあるにもかかわらず、避難が遅れて犠牲になる主な要因は、目の前で経験したことのない事象が急激に

変化・展開することについていけず、脳の認知的情報処理機能のプロセスが混乱し自己コントロールを失ってしまうことによるもの。脳が空転状態のため思考は生産的な適応性を失って停止、又は反対にとりとめなく拡散し焦点が定まらない状態になってしまう。その結果、心と身体が凝結してしまう」。さらに「人の脳は一つの複雑な情報を処理するのに8～10秒かかるが、一度にあまりにたくさん情報の洪水に遭った場合、本来なら脳の処理スピードを高めようとしてもいいはずなのに、あたかも車が低速ギアに切りかえたときのような状態になってしまう。それはなぜか？　一例として、食肉獣の餌食になろうしている動物は、無意識のうちに体が麻痺してしまう。そうすると食肉獣は、獲物が病気だと思って、リスクを避けるために放してしまうことがあるという。同様の行動がレイプの犠牲者にもあるという調査がある。つまり、ＤＮＡに組込まれた本能的行動が緊急時の生存を却って脅かしてしまっていたのである」（Aviation, Space, and Environmental Medicine誌より）。

③　テロや飛行機事故でも凍りつき症候群

アメリカ国立標準技術研究所（National Institute of Standards and Technology（ＮＩＳＴ））が米国同時多発テロ事件（9・11）の生存者９００人に行ったインタビューの結果、飛行機衝突の衝撃後から避難を開始するまでの時間が平均6分かかっていたことがわかった。人によっては30分間も避難せず職場にいた。コンピューターを消したり、身の回りのものを集めたり、知り合いに電話をしたりしていて逃げ遅れている。また、このようなときこそ迅速に階段を駆け下りていくはずなのに、ビルの外に出ることのできた約1万５４１０人が、階段を1階分下りるのに平均1分もかかっていた。避難路を研究するエンジニア予測の約2倍かかっていたことになる。事実、ビルの73階から生還したエリア・ゼデノさんは、「不思議なことに全然焦る気持ちが起こらなかった。ビルの揺れ方、音響からして、本当は焦りまくっていいはずなのに、まるで意図的に自分の心が音をシャットアウトしてしまったようだった。」と述べている。そして、飛行機衝突の衝撃でビルが激しく南側に傾いていたのに、すぐに避難しようという本能的な衝動は起こらず、周りの人間も皆、今起こっていることが信じられないというような様子で避難行動を起こさなかったという。彼女の場合ラッキーだったのは、「何が起こったの？」と尋ねる彼女に、一人の同僚から「ビルから出ろ！」という叫び声が戻ってきたことだった。彼女は、ただその命令に従って避難を開始したのであって、あのとき、その声が聞こえなかったら、自分でも今頃どうなっていたかわからないと語っている。

9・11のとき、エリアさんは、危機脱出の本能的衝動や行動はバイアスに抑え込まれていた。それを吹き飛ばしたのは同僚の「ビルから出ろ！」の一言だった。非常呪縛から解き放たれ、迷いが吹っ切れた瞬間、エリアさんは今何を優先すべきかを一瞬にして悟り、直ちに退避行動に移って助かった。刻々と危険が迫っている恐怖と不安はあった。しかし、周りの人もエリアさんもこれまで大きな災害に遭遇しておらず、自分には異常事態は起きない。自分は大丈夫という根拠のなき楽観という正常性バイアスの厚い殻を自分の周りにめぐらしてきていた。そのため一刻を争う異常事態にも関わらず、一方で「これはヴァーチャルか何かの間違いではないか」「異常ではなく正常の範囲では」と半信半疑で危険回避行動がとれないでいた。しかし「ビルから出ろ！」の叫び声で、エリアさんのバイアスが吹き飛ばされ、我に返り正常思考に戻ったのである。

8 防災訓練事例

(1) マンションの「ご近助まつり」と防災訓練

2015年3月2日午前8時頃、東京都千代田区にある25階建てマンションの20階から出火。遠くからも望見できるほど猛烈な煙と炎が噴き出した。出火原因は火元の20代男性の放火自殺未遂だった。消防車

39台が駆けつけたが、幸い出火元のひと室焼失で済んだ。あれほどの煙と炎にもかかわらず、一室の焼失だけにとどめたのは住民たちのチームプレーだった。消防隊が駆け付けるまで彼らの連絡通報、初期消火活動、延焼拡大防止活動は完ぺきに近い。25階に住むFさん（70歳）に話を聞くと、「火災報知機のベルが鳴り、窓の外に煙が見えた。どこから出火したかわからなったので、階段を降りながら各階を見ていくと、20階の部屋から煙が噴き出していたので、最初は廊下に備え付けの消火器を持って出火場所に駆け付けた。すでに、管理員さんとほかの住民が消火器で消火している最中だった。消火器だけでは消し止められないと思ったので、通路にある消火栓のホースを引出し、他の人と協力して放水した。煙の勢いがすごかった。」と話していた。隣室の人はすぐに消防署に連絡するなど、極めて手際よく通報・消火活動ができたのは、日ごろの訓練のお陰と話す。

このマンションの自治会長が以前区役所主催の防災講演会で私の話を聞いたそうで、そのときの講演の中で近くの人が近くの人を助ける「近助」という言葉がとても印象に残り、自治会でも話題にしたそうである。それがきっかけで、秋と春に地域の商店街と連携し自治会主催の防災訓練「秋のご近助祭り」と「春のご近助まつり」（写真12）を開催することになったという。テーマは防災、みんなで作ってみんなで食べる炊出しの参加費は500円。そこで、参加者に「消火器使えますか?」「消火栓使えますか?」と質問し、「使えない」という人には「こちらへどうぞ」と消防署の人が待機していて、使用法をその場で教えるパフォーマンスを実行した。普通、消火器は使えても屋内消火栓を使うチャンスはほとんどないため、火災発生時に住民が消火栓を使用した奏功

写真12　ご近助まつり・テーマは防災

事例は少ない。しかし、このマンションではそうした訓練が実って、実際の火災発生時に消防隊が来るまでの間必死に住民たちが協力し合って初期消火、延焼拡大防止に成功したのである。神田消防署はFさんら住民5人に感謝状を贈りその功を称えた。

マンションやオフィスの防災訓練は形式的になりがちである。消防計画など義務付けられた年1回の訓練で消火栓を引っ張り出しての訓練を実施するところは少ない。実施したとしても、代表者や担当者が実演することが多い。大切なのは、一人ひとりの危機管理対応力向上を目指す防災訓練なのだ。件のマンションでは、たとえ高齢者や女性であっても住民すべてが戦力になるようにと訓練していた結果、マンションの危機を救うことになったのである。

「宮殿も乞食が住めば乞食小屋、あばら家も王様が住めば宮殿になる」安全も誰が住んでいるかが重要なのである。

(2) まちかど防災訓練

東京消防庁が推奨している防災訓練のひとつに、「まちかど防災訓練」がある。まちかど防災訓練とは、自分たちがいつも生活している街の中で小規模な防災訓練を実施することである。従来、地域で行われてきた町内会や連合自治会などの単位で大勢を集めて行う集合型訓練とは違い、普段から自分たちの住む街の限られた人たち行う小規模訓練である。その街にいつもいる人がその街に配備されている消火栓、小型消防ポンプ、街頭設置消火器、救出救護用具などを利用して、その設置場所や使用方法を学び、実際に使ってみるというシンプル訓練。地域内の実戦力、防災・危機管理対応力向上に役立つ。

特に、居住区の中の小ブロックの住民同士で実施することにより、互いに助け合う互近助力を高めること請け合いである。実際にやってみると、スタンドパイプや消火栓を使うには最低2～3人必要とか、実施してみて初めて見えてくることがある。実際にやってみると、そこに長年住んでいる人でも、意外にその置き場所を知らなかったり、消防用具やＡＥＤを一度も使ったことが無かったりする人もいる。まちかど訓練を何度か実施しているうち、今までよりも親密さが増してきて連携がスムーズにできるようになるなど大きな利点がある。形式的な訓練よりも日常環境の中で行うため実務的な訓練とも言えるかもしれない。

■「まちかど防災訓練」訓練概要

①　訓練場所

原則的に居住する区域周辺での訓練。周辺での実施が困難であれば、その居住区の一時集合場所等を選定する。この場合、居住区で実施可能な訓練はできる限り居住区周辺で実施し、その後に集合場所で他の訓練を実施する。

②　訓練日時・時間

必ずしも土日とは限らず、人が集まりやすい参加者の都合の良い日を設定し、訓練時間は、朝方の比較的早い時間帯や、住民が集まりやすく負担にならない時間帯で、極力短時間で終了するよう計画することが大切。また、地域の会合やイベント等と合わせて実施するのも一つの方法。

③　訓練対象・規模

同一居住区内（同一ブロック内や自治会の班ごと等）に居住または勤務する数名から数十名を実施対象とする。

※地域の人々の居住区内で実施するため、参加しない周辺住民にも知らせ、観客として参加してもらうこともできる。

④　主な訓練内容と事前打ち合わせ会

実践的な小規模訓練が原則であり、実施時間は1回30分～1時間程度で極めて短時間にして一度に多くの訓練ではなく、1回に一つか二つ程度の訓練にとどめる。訓練計画時に、どの訓練をメインに実施するかを話し合う必要がある。

事前打ち合わせ会を行い、全員が訓練イメージを共有しておく。

⑤　訓練時の安全管理について

・街なかで訓練を行うことから、事前に訓練場所、訓練内容、日時などについて、時間や場所などに無理がないか十分検討する。

・使用する資器材については、地域にある資器材を使用することから、事前に点検を行い試運転などして異常がある場合は、その器材の使用を中止又は訓練自体を中止する。また、交通の妨げにならないように公道での作業は原則行わない。道路の近くで行う場合は警備係や交通整理係を置いて安全に十分注意する。

・参加者の年齢、服装、健康状態等を把握しておく。高齢者などの体調不良や、様子がおかしい等の場合は、無理に訓練に参加させないで監督役に回ってもらう。

・雨天、荒天等の場合はためらわず中止又は延期にする。

・訓練参加者以外の一般人が訓練会場内に入ったり、通過したりする可能性があるので、事故防止に十分注意する。

⑥　火を扱う訓練では、専用の消火器を準備すると共に、客観的監視員を配置し、火に近付き過ぎてケガをしないよう注意喚起するかロープを張るなどして立ち入り禁止とする。なお、助燃材には、ガソリンやシンナー・アルコール等は使用しない。

(3)　防災訓練と同時開催の「採れたて野菜即売会」

茨城県牛久市（人口8万4353人、平成26年度末）は、都心から約1時間の通勤距離ということもあり、東京のベッドタウンとして住みやすいこともあって、戦後ずっと人口が増加し続けている。特に団塊の世代といわれた猛烈サラリーマンたちが日本の一時代を築いた時期、牛久市では通勤圏内に土地付き一戸建ての立派な住宅がリーズナブルな価格で売り出されたのである。買い求めたのは定年を見越した東京の警察官、自衛官、消防職員や大企業の社員たちだった。そうした住宅団地と従来からの地付きの人たちがそれぞれ行政区を形成している。河川や牛久沼に近い畑や田んぼの中にある地域もあれば高台や斜面に近い行政区、あるいは駅の近くに新築されたマンションや商店街の中の住宅街に行政区が63ある。

それぞれ行政区ごとに共通リスクと地域特性リスクがあるし、高齢者率の高いところもあれば、若い世帯が多いマンションなどもある。行政区ごとに異なる安全・安心の形があると思った。そこで、市の危機管理室と協議し行政区ごとに出かけて行って、住民との防災意見交換会を行った。小さな公民館や学校の体育館など会場もまちまちだが、多くの人たちが参加してくれた。生涯学習センターで毎年実施してきた講演会には来られない高齢者や子供連れの若いお母さんたちも集まってきた。そして、時間をかけて質問や疑問に答え、意識啓発に努めた。

行政区を回っていくと、教わることもたくさんあった。牛久市周辺では想定される首都直下地震・茨城県南部地震などの大規模地震災害の懸念は共通したリスクだが、河川から離れているので洪水などのおそれのない高台の住宅が密集する行政区では、竜巻や突風を心配する住民も多い。確かに、つくば山脈の麓では過去たびたび竜巻に襲われているから当然の懸念材料ではある。しかし、竜巻はレアケースとして、毎年の講演では大規模地震や洪水に的を絞った話に終始してきた。出かけて行ってみないとわからないことである。

そして、年末に行った神谷二区行政区では、前後に行われた防災訓練も見せてもらった。避難訓練で点呼を取り、公民館の駐車場では初期消火訓練や炊き出し訓練が行われた。この辺りは自主防災組織の防災訓練としては定番である。そして、度肝を抜かれたのが山のように積まれた野菜だった（写真13）。訓練会場の一角に大根、人参、ほうれん草、長ネギ、白菜、青菜、牛蒡、小松菜、米5kg入りなどを販売するお店が出ていたのである。それもスーパーなどの半額程度だそうだ。訓練終了後に販売を開始したがあっという間に人の山ができた。そういえば防災訓練も意見交換会もいつもより熱気がこもっていたように感じたし、実際参加者も多かった。その秘密が防災訓練と同時開催の「採れたて野菜特売セール」だった。付近の農家と契約してあって、毎年朝採った野菜を安く分けてもらい防災訓練会場での特売とする運びである。主婦たちがいつも楽しみにしているそうで、家族そろって防災訓練に参加しているという。その地域に合った泥臭く身の丈に合った防災訓練は来年もきっと大勢参加してくるに違いない。防災アドバイザーが逆に教えられたシーンであった。

写真13　防災訓練同時開催・採れたて野菜即売会

9　在宅避難生活訓練

(1)　神様が与えてくれたチャンス

在宅避難生活訓練とは、何をするのかと思われるかもしれないが、極めて単純なことである。東日本大震災で経験したようにすればいいのだ。緊急地震速報、大揺れ、ガラスや食器飛び散り、家具・電化製品が転倒・落下・散乱、電気、ガス、水道、電話が途絶。道路は各所で崩壊、流通が途絶え、お店は開いていない、商品もない。電車もバスも止まった中で暮らすことである。これを再現シミュレーションし、そんな状況下でも自分と家族が生き残り、生き延びる訓練が在宅避難生活訓練である。とはいっても、まずは生き残る訓練である。生き残らないことには何も始まらない。在宅避難生活訓練もできない。「地震対策は何をしていますか?」と聞くと「はい、水と食料を用意しています」という答えが返ってくることが多い。当然、水や食料などの備蓄は極めて重要である。重要ではあるがその前に生き残ることである。生き残らなければ、水や食料を備蓄しておいても意味をなさない。生き残りさえすればあとは何とかなる。だいたい、戦後の自然災害で水や食料が無くて死んだ人は一人もいない。備蓄は備蓄で生き延びるために必要不可欠ではあるが、生き延びる前に生き残らなければならない。

一家の主（奥さん・子供でもいい）が、「緊急地震速報！」「間もなく大揺れが来る」と叫び、訓練開始を告げる。生き残るためには緊急地震速報の情報精度を云々するよりも、少しでも可能性があるものはなんでも利活用するに限る。実際には訓練の前に家族防災会議を開き、大地震発生時の行動を話し合っておくという準備が必要。そして、我が家の安全ゾーンを決めておく。安全ゾーンとは大地震時に転倒落下物の少ない閉じ込められない場所をいう。そういう部屋や場所を安全ゾーンと決めておく。一般的な木造家屋、マンションなどでは玄関がお勧めである。50年間地震現場を見てきたが、地震後の被災地で玄関だけ残った家もずいぶんあった。玄関は構造や設計によって異なるが、比較的丈夫に造られている家が多い。狭いスペースに柱の数も多いからである。そして、避難路を確保するには玄関ドアを開ける方が手っ取り早い。「緊急地震速報って何?」「地震のときは机の下にもぐるのでは?」「地震のとき、トイレが安全と聞いたが?」「なぜ、安全ゾーンなのか?」「火を消さなくていいのか?」こうした質問には「大規模地震から命を守るQ＆A」（本章2節(1)参照）の項で答えているのでご一読いただきたい。

緊急地震速報！　と聞いたら、まず安全ゾーン（例えば玄関）に行く。緊急地震速報の後、何秒で大揺れが襲ってくるかは震源、地震の大きさ、そこまでの距離などによって異なるが、数秒から十数秒と考えておくとよい。「数秒から十数秒では何もできない」という人もいるが、実際に居間や寝室から玄関まで少し急いで歩いてみると、よほど広壮な豪邸でもない限り数秒で玄関にたどり着ける。玄関に行ったらまずドアを開ける。開けても手を離したら締まってしまうので、サムターン（ドアの内側に取り付けられている、施錠・解錠用つまみ）を回し、ドアが閉まらないようにして避難路を確保しておく。ドアを開けたら靴を履いて身体を低くして揺れに備えるのである。ここまでが緊急地震速報時の対応原則。こうしたことは、普段からの訓練が必要である。空振りでもいいから小さな揺れや緊急地震速報を知ったら前述の行動を取る癖をつけておくといざというときも慌てないで行動できる。これからは寝る前に履きやすい靴を玄関に揃えてから寝るともっと良い。発表された緊急地震速報が空振りだったら「訓練ができて良かった」と思えばいいのである。こうした空振りといわれるような小さな地震発生について、私は「神様がくれた訓練のチャンス」だと思っている。

(2) 東日本大震災の2日前

東日本大震災発生の2日前、3月9日午前11時45分ごろ三陸沖を震源とするマグニチュード7・3の地震が発生した。最大震度・震度5弱を観測したのは宮城県栗原市・登米市・美里町だった。地震発生から5・4秒後に「最大震度3程度以上と推定」という緊急地震速報が発表され、約3分後の11時48分、青森県太平洋沿岸、岩手県、宮城県、福島県に津波注意報発表、大船渡市で第一波（引き波）13㎝、12時16分に最大波55㎝を観測する。大きな被害がなかったことにみんなほっとしていた。ただ、避難勧告が出された対象区域の人たちがほとんど避難しなかったという報道に、暗然とした懸念を覚えた。翌日の地元新聞は「東北大学の地震専門家は『予想される宮城県沖地震との直接の関係はないが、海溝近くの固着域が崩壊しているから、複数の断層面が同じ滑る〝連動型地震〟の危険性は下がった』と指摘した。」と報じた。まさか、その2日後にマグニチュード9・0の超巨大地震が襲うとはそのときはまだ誰も知らない。

震災後、避難場所にいた60代男性がつぶやいた言葉が今も忘れられない。「あの震災の2日前に起きた地震は、地震や津波を忘れるな、避難することを忘れるなと、神様が教えてくれていたのかもしれない」と。普段から緊急地震や小さな地震は防災訓練をさせるために神様が与えてくれたチャンスと思って行動する癖をつけておく必要がある。

まずは命を守る訓練だが、地震発生時の安全行動はそのときにいる場所や状況によって異なる。自宅にいるときでも寝室で寝ているとき、トイレに入っているとき、調理しているときなど、そのときその場所での最善の行動がとれるように、普段からシミュレーションしておくことが大切。自分と家族が無事なら、余震に注意しつつ隣人に声を掛け安否確認をする。余震が続く可能性があれば、いったん広場や駐車場などの外部の広い場所に退避して様子を見たりする。町内会や自主防災組織があれば家族や隣人の安否を報告しておく。また、避難勧告などの情報なども確認してから、自宅に戻ることになる。

(3)　ダメなものばかり数えず、使えるものを数える

地震後、揺れが収まり安全が確保できたら、室内でも靴を履く。それは室内がガラスだらけのはずだからである。続く余震に注意して、いつでも安全ゾーンに移動できる態勢で、被害状況の確認作業に取り掛かる。天井、柱、基礎、壁などの主要構造部に亀裂や傾きはないかチェックする。余震で壊れる可能性がないかを見る。特に地盤、背後に崖があればその状況、床・柱の傾きがないかチェックする。危険と思ったら建物内への出入りは控え、「危険・立ち入り禁止」と書いておく。

建物の安全が確認できたら、室内の被害確認をした上で、大まかな片づけに取り掛かる。ブルーシートなどを敷き靴を履く訓練も重要。訓練している、していないで災害時に明暗を分ける。地震の後、わかっているはずなのに室内を素足で歩いて大けがをする人が続出する。在宅避難生活訓練では、よく洗った履物を履いて家の中の片づけをしてみることをお勧めする。普段できないことはいざというときもできないのである。

そして、文明の利器で使えるものを数えてみることである。よく、こういうときに使えないものばかり数える人がいる。「電気が使えない」「水道が使えない」「電話がダメ」「ガスもダメ」もちろん現実を知るために確認する必要はあるが、あえて使えないものを数えたてる必要はない。滅入るだけに過ぎない。もし、知らせるのであれば、極力明るい声でやってほしい。防災は悲観的に準備し、楽観的に行動することである。「トイレの水はダメだけど、便器は使える」「建物は壊れていない」「ドアも変形していない」ダメなものを数えず、使えるものを数えると災害に立ち向かう勇気が出てくる。そして、ここからが本当の在宅避難生活訓練である。電気（ブレーカーを切る）、ガス（元栓を閉じる）、水道（メーターのバルブを閉じる）、電話を止めて（途絶したと思って）丸一日暮らすのである。それを実際にやってみると、困ること、準備しなければならないことが明確になる。冷蔵庫はどうなるか？　トイレはどうする？　エアコンは？　携帯の充電は？

⑷　停電時の冷蔵庫

例えば冷蔵庫。停電になってから扉さえ開けなければ、夏でも2〜3時間は保冷効果が持続する。しかし、扉を開け閉めするとあっという間に温度が上昇し収納してある食品は傷みやすくなる。夏季であれば、乳製品、肉、魚などの生物はすぐに傷み始めるので、冷蔵庫から出して食べるか、火を通す必要がある。災害時は極力生物を食べるのは避けた方が賢明である。断水で衛生状態が悪化し、医療機関は正常機能していないはずだ、下痢や食あたりを避けるためである。余震が続き、火が使えないなら処分するしかない。卵は、食品衛生法でも10℃以下で保存することが望ましいとされている。冬なら外に出しても暫く保つが、夏場だと厳しい。火が使えるのであれば卵はゆで卵にしておくと良い。野菜や果物も、冬なら外に出してもさほど問題はないが、夏場は傷みが早いから、風通しのよい日陰に移動させる方が良い。

問題は冷凍庫である。これも扉を開けない限り4時間〜8時間程度なら冷凍食品は凍ったままの状態を保つことができる。しかし、災害時は当然長時間の停電となり、復電の見通しはすぐに立たないので最初から長期戦のつもりで対応する必要がある。製氷器の氷は扉を開けなければ7〜8時間は溶けないが、災害時はすぐにビニールの袋に入れて、いざというときの飲み水とするなど、停電と同時に冷蔵庫の中のものをいったん出しテーブルに並べてみる。1日以内に食べるか処分する物、2日以内、3日以内などと賞味期限などを確認して食事戦略を立てるのである。そのほか食品棚のもの、お菓子、果物、もらいものの煎餅も含め、家中の食べ物をかき集め、仕分けし1週間食いつなぎ作戦を開始するのである。

(5)　トイレはどうする

そしてトイレである。トイレが使用不能になるのは何も断水だけが原因ではない。大規模地震後にトイレが使用できないもう一つの理由は下水管の損壊にある。水さえあればトイレが使えるはずだと、確認もせずに浴槽に貯め置いた残り湯を流すと、とんでもないところから汚物が噴き出したり、逆流したりして状況をさらに悪化させる危険性もある。下水管の安全を確認した上で流す方が良い。ではどうするか、壁に少しヒビが入るような地震でも意外と丈夫なのが便器である。便器そのものはかなりの重量に耐えるように頑丈に造られているので地震でもほとんど損傷していない。便器が使えればトイレの準備に入る。予め便器を利用した災害時のトイレ処理セット（固形剤、消臭剤入り）を用意してあればそれを使うが、備蓄してなければ大きめのゴミ袋、古新聞を千切ってレジ袋のような小さなビニール袋に入れたものを用意する。

そして、便座を上げてゴミ袋大のビニール袋（ゴミ袋でもいい）を被せ、便座を下げる。その袋の中に千切った古新聞入りビニール袋（レジ袋でもいい）を広げて用を足す。用を足したビニール袋をねじり縛りにして、汚物を入れる別の大きな袋に入れる（P88図4）。実際に停電でこの訓練をやってみると思わぬ発見がある。普段は気づかなかった換気扇のはたらきである。最近の家は24時間換気が義務付けられている上、トイレには専用の換気扇がついている。その換気扇が動かないとトイレ内に悪臭がこもってしまう。冬で窓が開けられないと室内まで汚物の匂いが消えない。いかに消臭剤、固形剤が必要かということがわかる。安全・安心は準備に比例する。普通成人で一日大便1回、小便5回を目安にこうした袋類を準備しておくとよい。また、汚物を入れるとかなりの重量になるので、汚物入れの袋は丈夫なものか二重にして入れるとよい。成人の膀胱の容量は約５００㎖、一回の尿量は個人差があるので一概に言えないが平均1回の尿量は１００～３５０㎖程度と考えられている。24時間で5回とすると1人あたり５００～１７５０㎖、大便も個人差があるが平均1日1回として２００～２５０ｇといわれる。こうした重みを受け止められ、人数によって一定容量が入る汚物入れが必要となる。

⑹　備蓄は1週間分

水・食料の備蓄は３日分といわれてきたが、内閣府では南海トラフ巨大地震などに備え、１週間分の備蓄を推奨している。従来いわれてきた「備蓄は３日分」でいいという根拠はあまりない。３日過ぎれば救援物資が届くだろうという感覚的なものでしかない。３日で届く救援物資のほとんどが避難所のような防災拠点に行ってしまい、在宅避難生活をしている一般住民にはほとんど届かない。では防災拠点に行けば配給が受けられるかというと、一定期間過ぎれば可能だが、発災直後は避難所の収容者優先となるため、一般住民は給食・給水を期待しない方がいい。震災で備蓄のない住民が避難所に行ったら「お宅は家が壊れていないのだから、非常用備品支給対象者ではない」とにべなく断られて、恥ずかしく悲しい思いをした話を聞いた。今でも自治体によって備蓄は3日分といっているところがあるが、発災時に3日で一般住民まで物資が行きわたるような災害は大した災害ではない。災害に備えるということは大規模災害に備えることである。広域が甚大被害を受ければ、道路などがすぐに復旧するはずがないので流通混乱が長期間続く可能性がある。7日分の備蓄を是非してほしいと思う。

非常食だけで7日分備蓄するのはコスト置き場所も大変であるが、いつも使っている食材を少し余分に用意しておくことを習慣にすること。肩に力を入れて非常食備蓄などとやっていると、長くは続かない。さりげなく生活の中に組込むことが大切。購入したときに賞味期限をマジックで見やすいところに書いてから収納し、後入れ先出しで古いものを前に出すこと。そして在宅避難生活訓練で家中の食材を集めてみて賞味期限などをノートに記録してみると、過不足が一目でわかる。防災訓練はただ経験することではなく、課題を抽出し、ステップアップするために実施するものである。

(7)　在宅避難生活訓練でわかること

①　家で暮らせることのありがたさ

在宅避難生活訓練をして初めてわかることがある。停電、断水、ガス停止状態だと何もすることが無いということである。というよりできないのだ。テレビを観ることはできない。バッテリーが心配でスマホも普段のようにむやみに使えない。同じようにバッテリーが気になるのはパソコン。これもすぐに電源を切るようにする。普段は家にいても結構やることが多く忙しいものだが、電気がないということはやれることが限られてしまうということになる。いかに日常生活に電気が果たす役割が大きいかを改めて知るのである。そして、電気がないことは時間がゆっくり流れるし、家族との会話が弾むのも停電のお陰かもしれないと思うほど考えるゆとりが出てくる。逆にいうと、普段はなんと無機質な時間を過ごしてきたかを反省する機会にもなる。

そして、在宅避難生活で一番の楽しみが食事である。限られた食材、ガス停止の中でカセットコンロで傷みやすい食材から食べる。不自由ではあるが、家族と一緒に食事の支度をしていると、昔はこうだったと思い当たる懐かしさがあって、何か失った充実感に満たされる。災害時における食事は極めて大切である。避難所に行けば十分な食事が支給されると思う人がいるが、災害時に避難所で配給になる食事はあまりにも多数のため、同じものをたくさんそろえる必要があり質より量が優先される。発災後一週間くらい避難所での給食はおむすびか菓子パンで、飲み物はお茶かミネラルウォーターが主流となる。もちろん災害時の厳しい状況下で、きちんと食事を提供するだけでも関係者のご苦労は余りあるものがある。被災者にとって、寝る場所があり食べられるだけでもありがたいことだ。

しかしその一方で、避難所特有の問題が発生してくる。それは健康障害である。これまで経験したことのない苛烈な災害による恐怖。家を失ったショック、不安とストレス・不眠で体力消耗は避けられない。普段元気な人でも口内炎などを発症する。支給される食事はほとんどが炭水化物で、タンパク質、繊維質、ビタミンなどが決定的に不足している。そのツケは高齢者や乳幼児など要配慮者に顕著に現れる。発災後2～3日程すると、便秘、不眠から始まり、発熱、風邪、持病の悪化などの負のスパイラルが始まる。避難所は決してパラダイスではない。もちろん仮設トイレは水洗ではなく、暗くて臭い上、常に人が並んで待っている。ゆっくり用を足すことなどできない。寝ていても子供の泣き声、いびき、足音、そして余震。家を失ったから仕方ないとはいえ避難所は劣悪な環境でしかない。避難所で暮らすことは一難去ってまた一難を覚悟しなければならない。できたら、親戚や知人などを頼って一時避難をお勧めする。避難所の環境を知るとインフラが途絶えていても、自宅で暮らせるありがたさがわかるし、その方がよほど気楽でストレスが溜まらない。

②　非常食と非常用飲料水

自宅で非常用飲料水を備蓄する場合、長期間保存用の飲料水と普通のミネラルウォーターとを飲み比べてみると、前者の長期間保存という先入観があるからか明らかに後者の方が美味しい。わが家で備蓄しているのは「自然湧水」２ℓボトルで賞味期限は2年間。しかし、美味しい（個人的感想）ので普段からこの水を使っていて、余分に数箱買い置きしている。保存期間5年の飲料水は2ℓボトルで1本５００～６５０円する。その期間手間いらずだから当然かもしれないが、我が家の備蓄飲料自然湧水は、保存期間2年でしかないが、２ℓボトルで1本98円とリーズナブルプライスである。つまり、飲料水は美味しさとコストと保存期間を考えながら、自分や家族の嗜好に合ったものを備蓄すると良い。

非常用食料備蓄で心がけるべきことをまとめてみた。

「備蓄食糧5原則」

・美味しい　　　　　・消化がいい
・調理不要　　　　　・家族の好物
・栄養バランス

災害時に美味しいもの、好きなものを食べると元気になる。非常食だから何でもいいのではなく、非常食だからこそ吟味して備蓄する必要がある。また、ただ食べられればいいという「エサ」ではなく、きちんと考えた「食事」となるよう備蓄時の心配り気配りが必要である。ほかの人が食べるのではなく、自分や家族が非常時に食べるものだからである。もちろん、これは予算と心に余裕がある場合である。

例えば、図2のように、非常食だからといっても朝・昼・晩と同じものを食べる（備蓄する）必要はない。私がお勧めする朝食用非常食は、例えばグリコのビスコ保存缶（保存期間5年）とスープパックである。まずこのビスケットのいいところは、1缶に5枚ずつ分包したものが6パック入っているため、家族で分けやすく、クリームをサンドしてあるので水不足でも食べやすい。小さな子どもからお年寄りまで幅広い年齢層に食べてもらえる。中でも私が勧める理由はビスコには乳酸菌も入っていることにある。

災害発生時はトイレの不便、水不足などもあって便秘になりやすいので乳酸菌は貴重である。そしてスープはアマノフーズフリーズドライの「麺と具とスープ」。賞味期限は1年だが、お湯を掛けるだけで具沢山スープが出来上がる。マイナス30℃で急速凍結し、さらに減圧して真空状態で水分を昇華させて乾燥させる保存方法。このため、栄養分が失われず新鮮な素材・香りが味わえ、常温で保存ができる。このスープの良いところは、災害時だけでなくおかずが足りないときや、忙しい朝など平常時にも結構使えて便利で美味しい。

昼食用としてご飯の缶詰と一緒にお勧めしたいのがベターホームの「かあさんの味お惣菜缶詰」である。保存期間3年の小さな缶で、キンピラごぼうや五目豆の缶詰がお勧め。災害時は新鮮な野菜が手に入らなく

図2　朝・昼・晩の3食を考慮した非常食備蓄

なるので、不足がちな繊維質とタンパク質が補給できる。そして、夕食用非常食。お勧めはグリコの「温めずに食べられるカレー職人」。カレーは栄養バランスが良く、子供からお年寄りまで幅広く受け入れられる。被災地へ現地調査に行くとき、いつもトランクいっぱい非常食を持って行って現地でスタッフや被災者たちに食べてもらい、そのあと感想をもらっているが、いつも断トツで食べやすく美味しいと支持されるのがこのカレー職人である。そして、カレーと一緒にお勧めはアマノフーズの味噌汁や豚汁である。お湯で戻すと心まで温まる。夕食に満足すると良く眠れるようだ。

このように、災害時こそ美味しくて栄養バランスを考えておくと安心である。そして、美味しいもの、家族の好きなものは普段でも使えるので、決して無駄にならない。というよりも在宅避難生活訓練が楽しみになるし、家族も積極的に参加し協力するようになる。

③　我が家を安全シェルターに

地震が人を殺すというより、脆弱な建物と誤った行動が死を招くのである。劣悪環境の避難所に入らないで済むように、在宅避難生活ができるようにするためには、地震でも壊れないように我が家を安全シェルターにするのが一番である。改正建築基準法は耐震基準が強化され１９８１年5月31日に施行された。その基準を一般的に「新耐震」とか「新耐震基準」と呼ぶ。施行日以前の建物を「旧耐震建物」、施行日以降に建てられた建物を「新耐震建物」などということもある。つまり、新耐震建物とは施行日以降に建築確認を取った建物は一定の耐震性があると評価されている（施行日以前に建築確認を受けていても、６月１日時点で着工されていなかった建物については、原則として新耐震基準が適用されている）。乱暴に言うと旧耐震建物は新耐震の建物に対して耐震性が低いと考えられている。

阪神・淡路大震災時の震度と木造家屋の全壊率を見てみる（図3）。震度6強といっても6・0〜6・5まで計測震度の幅があるので、全壊率も幅があるが、震度６強のとき、新耐震建物の全壊率は０・２〜16％程度だが、旧耐震建物の全壊率は15〜75％へと跳ね上がる。このときの揺れ周期がキラーパルスと呼ばれる1サイクル1〜2秒の周期が卓越していたことも影響している。東日本大震災では震度６強の揺れに襲われた地域での旧耐震建物でも、全壊率は極めて低かった。これは単に震度だけで建物の耐震性の有無を決めるのではなく、揺れる周期（応答スペクトル）などと併せて多角的に判断すべきことを示唆している。また、旧耐震建物であっても堅固に建築された建物もあれば、新耐震建物でも地盤、地形、構造、設計・施工によっては危険な建物もある。それに新耐震建物といっても、１９８１年の建物であればすでに35年以上経過している。建物の構造物や部材は経年劣化する。それを考えれば、建築時には一定の耐震性があったとしても絶対安全とは言えないのではなかろうか。築年数による分け方はひとつの目安でしかない。

また、経年だけでなく、シロアリや水回りなどの腐食など、建物環境や保守点検状況によっても異なるので一概に１９８１年以降の建物だから安全とは言えない。よって、新耐震建物であっても築年数が30年以上経過した建物であれば精密耐震点検をお勧めする。簡易耐震診断については自治体の助成制度があり、無料で診断が受けられる地域も多く、また耐震診断の資格のある工務店などを紹介してくれるので、地元市区町村の建築課か防災課に相談するとよい。

図3　阪神・淡路大震災時の築年による全壊率

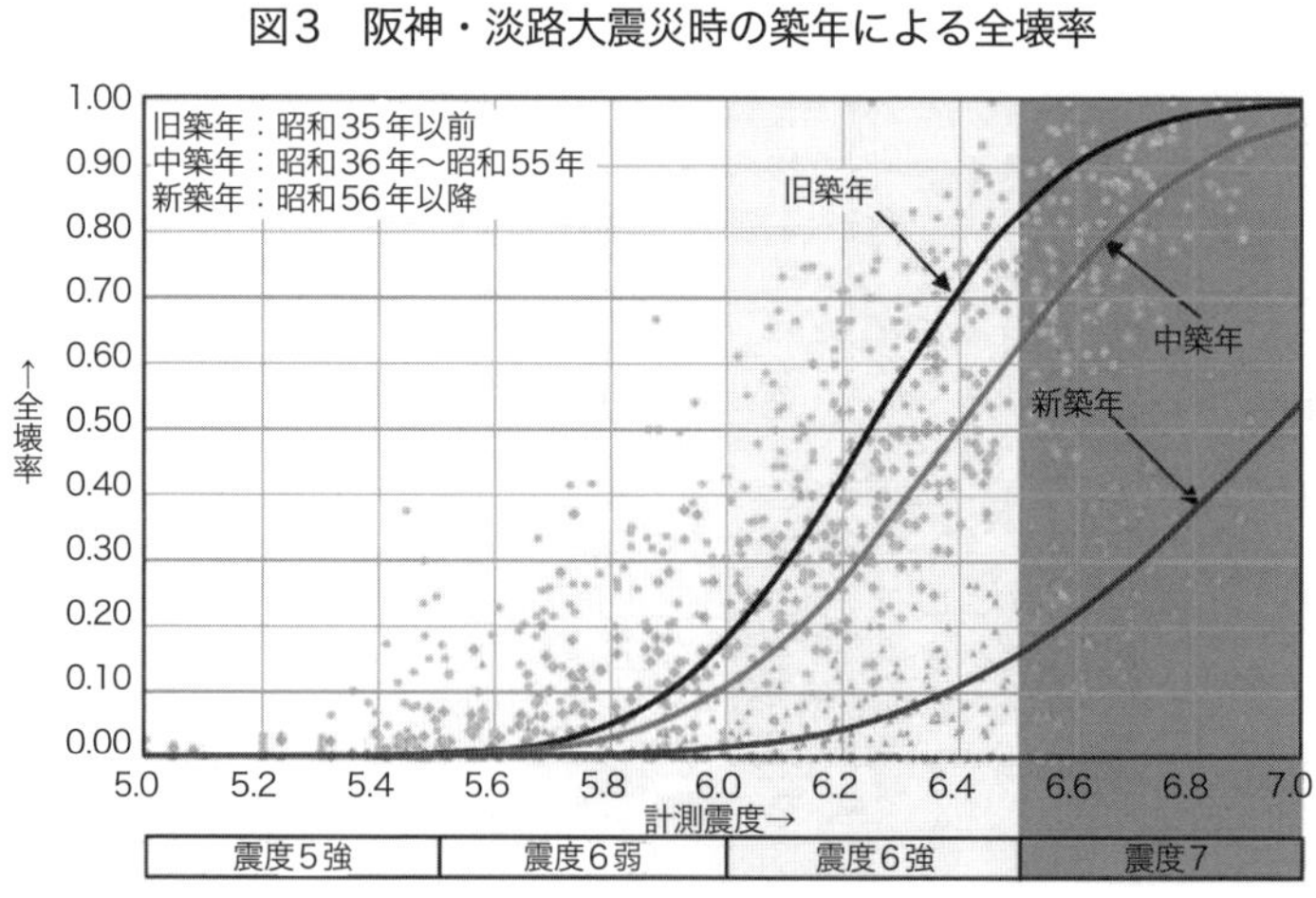

耐震診断をして耐震性が低いと診断されたら耐震改修・耐震補強が必要となる。市区町村によっては様々な耐震耐火助成措置や税金の減免措置が用意されているので、これも役所に相談すべきである。仮に助成措置があるにしても、家全体を耐震化するにはかなりの費用が掛かる。そこでお勧めなのがここはという部屋の中に設置する地震シェルター（写真14）である。これはプレス工業が作っているもので、面積によっても費用は異なるが約１２５万円～１９５万円で、上方最大静荷重１００ｔ、２００ｔ、３００ｔに耐えるという優れものである。

写真14　地震シェルター

上方最大静荷重＝100t、200t、300t
避難時最大人数＝16人、24人、36人

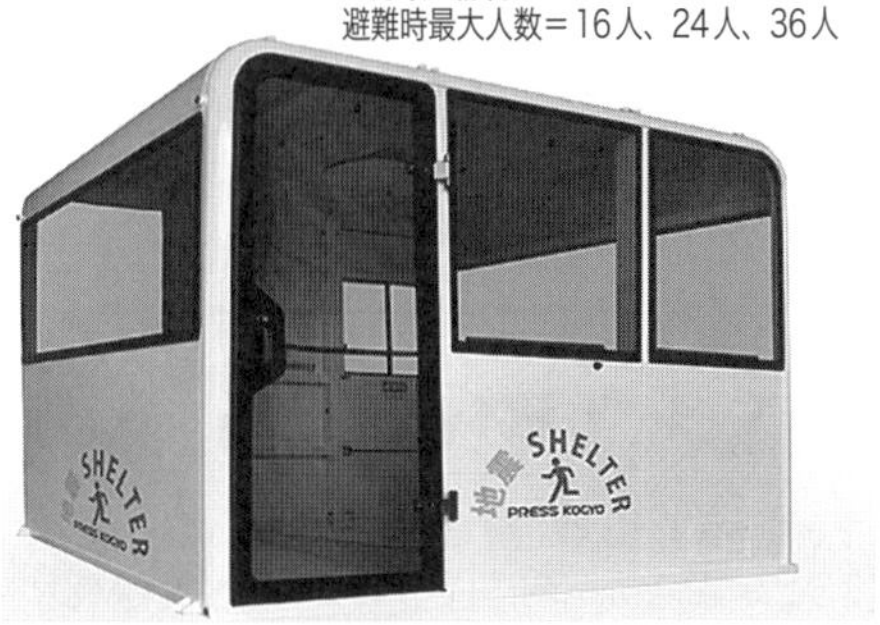

建物の耐震化と合わせて室内の耐震化をしなければ、シェルターにはならない。特に家具や電化製品については徹底的に転倒・落下防止対策を施すことが大切。阪神・淡路大震災の負傷者４万３７７３人のうち、家具などの転倒落下によるものが２万１３６人で全体の46%、約半数に上り負傷原因一位である。だからこそ、家具や電化製品の固定は自分や家族の身体の安全に直結する重要事項なのである。

天井と家具の間に取り付ける突っ張り棒も一定の効果はあるが、天井が弱い木造家屋では危険。必ず上下2か所以上で固定することがコツである。たくさんの地震現場を見て来て、薄型テレビが人を直撃したこともあるので、テレビ固定の専門バンドや器具でしっかり固定しなければならない。そのほかの家電品（電子レンジ、オーブントースター、冷蔵庫）はもとより、パソコンも破損しないように落下防止の粘着マットや滑り防止マットを敷くなどしておく。つりさげ式の照明器具も、大地震で左右に大きく揺れると天井にぶつかりガラスが飛び散る。そこで、つりさげ照明器具は、天井から三方で振れ防止のために

写真15　地震直後市内の様子（阪神・淡路大震災）

写真16　ガラス飛散防止フィルムは効果抜群

釣り糸などで留めると良い。

そして、ガラス飛散防止対策。阪神・淡路大震災の負傷原因は前述の家具などの転倒落下に次いで第二位がガラスである。全負傷者の29％がガラスによるもの。ガラスは大地震で凶器に変わる。**写真15**のように地震の揺れ方によってはビルなどのガラスも落下してくる可能性がある。そして**写真16**はガラス飛散防止フィルムが張ってあった窓。ガラスに多少のヒビは入ったものの飛び散らないことが立証されている。このガラス飛散防止フィルムにも様々な種類があるが、多重効果がある優れものである。一つは省エネ効果。例えば住友スリーエム社のスコッチティントマルチレイヤーNANOシリーズを例にとると、可視光線透過率が70％以上あり透明性も高いのが特徴である。そして透明にもかかわらず紫外線カット率は99％以上、赤外線カット率約92％に上る。絨毯、カーテン、畳などの色褪せを防ぐだけでなく、飛散防止フィルムのUV効果は室内にいる人の肌やけを防ぐ働きも知られている。さらに窓際の温熱環境を改善する効果がある。快適性を保ったまま冷房設定温度を1～2℃上げることができるため省エネ、節電効果が高い。そのほか、ガラスを割って侵入する空き巣・窃盗犯などが入りにくくなる防犯効果もある。防災効果としては前述の地震の揺れに対する耐性だけでなく、竜巻・台風・突風対策としても大きな効果を発揮している。

このようにガラス飛散防止フィルムは多様な災害対策としても役立つ一石三鳥の優れものなのだ。ただ、窓用フィルムは常に日射を浴びているため経年劣化も起こるので一定期間経過したら貼り替えを行う必要がある。貼り替え時期は各メーカーや商品種類によっても異なるが、一般的な内貼りガラスフィルムの場合約10年程度であるが、各メーカーに詳細を確認すると良い。

⑻　在宅避難生活訓練で体験できること

①　まずは安全な親戚や知人宅へ避難

ここで少し整理しておきたい。災害時、避難する場所は大きく分けて避難場所と避難所の二つである。避難場所は、地震などによる大規模火災などが発生し、地域全体が危険になったときに避難する場所で、火災が収まるまで一時的に待機する場所を広域避難場所という。ここは基本的には食料や水の備えはなく、具体的には、大規模な公園や緑地、大学構内などが指定されている。もう一つが避難所。避難所は、地震などにより家屋の倒壊や焼失などの被害を受けた人、または現に被害を受けるおそれがある人が、一定期間避難生活をする場所をいう。ここには、飲料水やトイレなどが備えられている。具体的には、市区町村の小中学校や公民館などの公共施設が指定されている。そのほか、区市町村によっては近隣の人が一時的に集合する場所である一時《いっとき》避難場所や一時集合場所、自宅や避難所での生活が困難で、介護などを必要とする方を一時的に受け入れる二次避難所（福祉避難所）などもある。これらは市区町村によって呼称や避難対象が異なる場合があるので、市区町村のホームページなどでの確認が必要である。

さて、避難所体験訓練である。つまり被害を受けた人や被害を受けるおそれがある人が一定期間避難生活をする場所においての体験訓練だが、過去の大規模災害時の避難所の多くが劣悪環境だった。そのことは阪神・

淡路大震災時には、総死亡者数の14・3%にあたる922人もが震災関連死だった事実が物語っている。関連死の死因で一番多かったのは「肺炎」である。避難所内にインフルエンザが蔓延し、高齢者を中心に罹患し、地震の恐怖が一段落した頃避難所には救急車のサイレンが途切れることはなかったと言われている。震災の恐怖、ストレス、そして、劣悪環境、震災関連死の多くが高齢者というのもあまりにも痛ましい限りである。災害直後の混乱時は仕方ないことではあるが、トイレ、寝具、食べ物など普段の生活からすれば、極めて不自由で不衛生な環境であることを覚悟しなければならない。そうしたことを踏まえた避難所体験訓練が必要である。

しかし、実際は、元気な人が短時間だけ訓練に参加する傾向にある。児童や生徒はキャンプ生活のような気分で参加するものもいる。それはそれでけっこうなことだが、高齢者にとって通常の避難所は罰ゲームのように過酷である。ある地域の中学校で高齢者が一晩避難所宿泊体験をした結果、翌朝骨痛みして起き上がれなくなったという報告もある。たとえ短時間であっても高齢者などの災害時要配慮者は二次避難所（福祉避難所）に最初から直接避難する訓練が必要である。それよりなにより、危険区域に住む者は、最初から避難所へ行くよりも原則は非危険区域の親戚や知人などへの避難を考えるべき。事前に非危険区域の人と防災協定を結び、まずは親戚、知人宅への避難訓練をしておくべきである。

② 在宅避難生活訓練を実際にやってみると……

避難所で一定期間避難生活をする人は、大きな被害を受けた人あるいは受けるおそれのある人で、自宅で暮らせない人である。つまり、被害が少なく、自宅及び自宅周辺に危険がない人は原則自宅で暮らすことになる。だいたい、どこの市区町村の地域防災計画にも「避難所で避難生活をする者は、災害によって現に被害を受け、又は受けるおそれのある者で居住する場所を確保できない者とする」などと避難生活者の定義が明記されている。ざっくり言うと、大規模地震などの場合、津波浸水区域は除いた地域では住民の約8～9

割は自宅で暮らさなければならないことになる。そこで大切なのが「在宅避難生活訓練」である。自宅、マンション、地域全体、企業、自治体庁舎などで、電気ガス水道を停めて（停めたと仮定しても含む）丸一日暮らしてみる訓練である。

③　家庭で実施する場合、家族防災会議を開き次のような想定を確認する

・電気、ガス、水道、電話などの社会インフラが途絶
・道路損壊などで流通が途絶え、宅配不能、店舗等はすべて閉鎖
・公共交通機関も運行停止、復旧の見込みはない
・立体駐車場は停電で動かないため、出庫できない

このように条件設定した上で、できれば実際にブレーカーを切って停電生活を実行してみると、普段考えもしないことや新しい発見が見えてくる。

④　停電体験

照明が消えると意外と室内は暗い。窓のないトイレは真っ暗になって「懐中電灯がないと用を足せない」と悲鳴が上がる。照明の問題もあるが、断水だからこのままだとトイレが使用できないことに初めて気付く。冷蔵庫から溶け出した水が浸み出すことなど停電で困ることが体験できる。懐中電灯はその部分だけしか明るくない。やはり、部屋の中を照らすにはランタンがないと困ることになる。パソコンはどうする？　エアコンが停まったら寒さ対策は？　携帯電話の充電は？　予備の電池があったが、懐中電灯には合わない。携帯の充電器は普段はＡＣ利用だがこれが切れたら？　もちろん、テレビは点かないのでラジオを捜すが電池切れだった。

⑤　断水体験

まずはトイレが使えない。懐中電灯を持ってトイレに入り、便座を上げてゴミ袋を被せ、便座を下ろしてか

ら中にレジ袋のような小さめのビニール袋を入れ、そのレジ袋の中に古新聞をちぎって入れて用を足す（図４）。普段は何の苦労も感じないで用を足していたのが夢のように思える。１回用を足すのにこれほど大変とは思わなかった。用を足したらレジ袋を縛って大きなゴミ袋に入れるが、停電で換気扇は動いていないので匂いが室内にこもったままになる。やはり、固形剤と消臭剤を準備しなければいけないことがよくわかる。大便の後はウォッシュレットで洗浄していたのに、断水停電でそれは使えない。手を洗うにも水は出ない。ペットボトルの水で手を洗うしかない。滅菌用のウェットティッシュや消毒薬を備蓄しておく必要がある。食事の後の口をゆすぐにもペットボトルの水が必要になる。東日本大震災時に断水などで歯が磨けず、口腔内不衛生により歯茎から入った菌で持病が悪化したという被災者の話を聞いたことがある。飲料水を含め非常用の水は、一人一日最低３ℓは必要だということを実感する。実際はもっと過酷である。ペットボトルの水で顔を洗い、歯を磨き、場合によっては洗髪もしなければならないのだ。やってみるとわかる

図４　便座を使った非常用トイレ対策

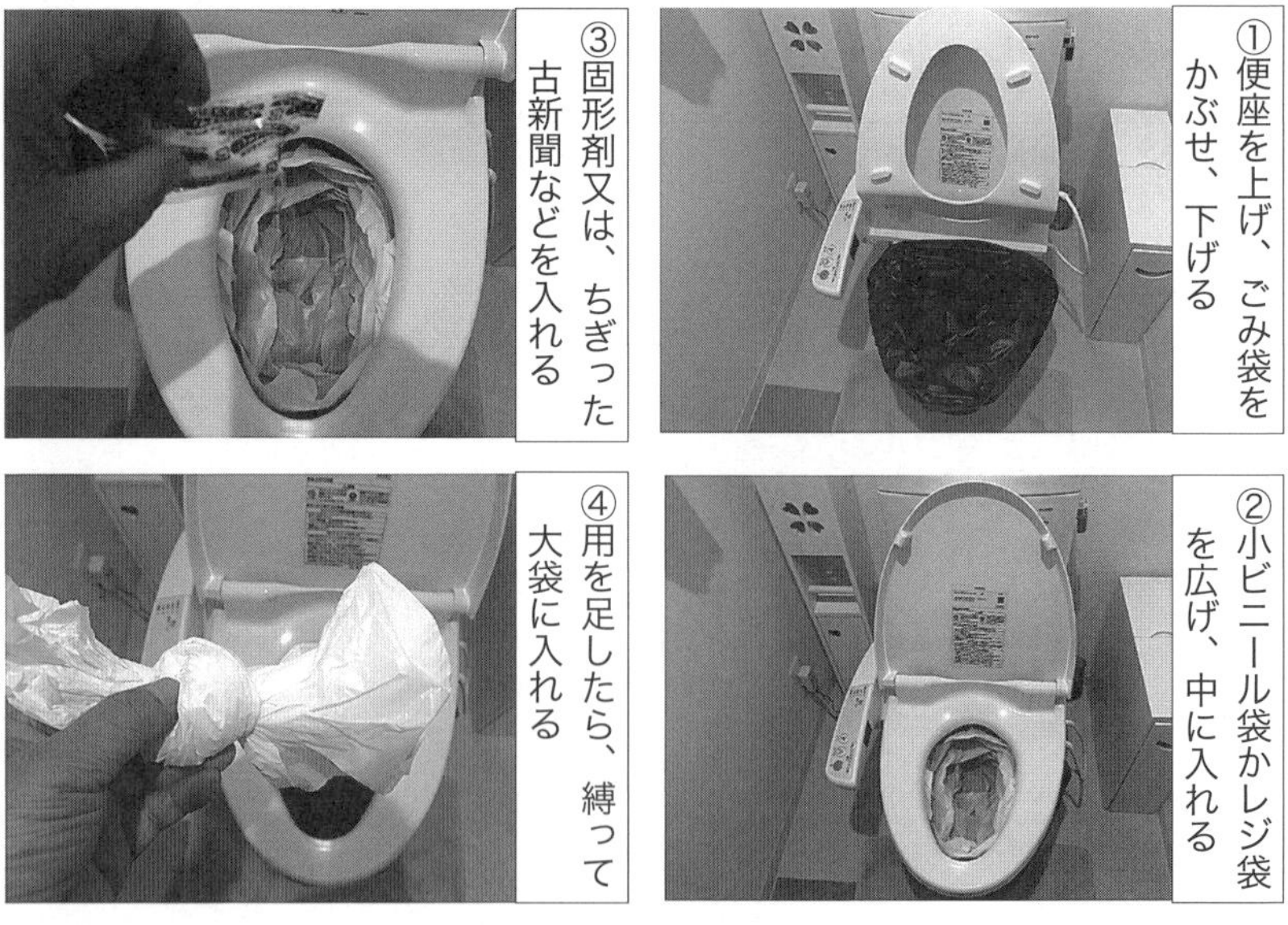
①便座を上げ、ごみ袋をかぶせ、下げる
②小ビニール袋かレジ袋を広げ、中に入れる
③固形剤又は、ちぎった古新聞などを入れる
④用を足したら、縛って大袋に入れる

が、ペットボトルの水で洗髪するのはかなり大変である。

それより、深刻なのがトイレの問題。地震後にトイレが使用不能となる要因は断水だけではない。多くの場合下水管が損壊して使用禁止となることが多い。マンションなどで排水管が損傷してることを知らずに、地震後に風呂の残り湯をトイレに流したところ、他の階で汚物が噴き出したこともある。地震後は配管など設備の安全状況を確認してからトイレは流すようにすることも必要。ともかく、残り湯の有無に関わらず、非常時トイレ対策のため、大小のビニール袋や消臭剤、固形剤、手指消毒薬、予備のトイレットペーパーなどを備蓄しておかなければならない。

⑥　ガス供給不能体験

食事の支度をしたくてもガスが出ない。しかし、幸い卓上カセットコンロがあったので、ペットボトルの水をやかんに入れて湯を沸かす。家中の食べられそうなものを集めてテーブルに並べてみる。冷蔵庫の中も全部出し、製氷機の氷はビニール袋に入れていざというときの飲み水にする。缶ビール、トマトジュース、ペットボトル飲料水、カップラーメン、ミカンと鯖の缶詰、納豆、豆腐、卵、バター、野菜、リンゴとイチゴが少し残っていた。冷凍室はすでに解け始めているので、氷のビニール袋と一緒に大きめのビニール袋を用意して冷凍室の肉や魚を入れたが、長くはもたないから傷みやすいものから食べるしかない。夏だったらなおさらだろう。乳幼児がいたら粉ミルクの備蓄も必要であろうし、高齢者がいたらおかゆの缶詰など、家族構成に合わせて非常食の備蓄が求められる。水や食料の備蓄は三日分などと言われてきたが、私は最低一週間分は必要と考えている。実際には冷蔵庫の中身や、買い置きのお菓子や缶詰なども含めての話である。こうして断水、停電、ガス停止を想定し、家の中の食料を一か所に集めてみると結構食料はある。しかし、大地震発生直後は大きな余震の頻発を考え、地震発生から三日間くらいは調理しないでも食べられる非常食を用意することが大切。

⑦ 電話不通体験

東日本大震災直後、携帯電話はほとんど使えなかった。しかし、東京は震度4程度だったから、しばらくしたら通じるようになったので助かったが、長期に携帯電話が使えないとしたら、もし、家族が離ればなれになっているとき地震に襲われたらどうやって連絡を取り合うのだろうか？ 会社との連絡は？ 公衆電話が災害時優先電話になると聞いても、最近は公衆電話数が極めて少ない。震災で比較的通じたのはＰＨＳ、ワンセグといわれている。

こうした体験をオフィス、自治体、地域で実際にやってみると、エレベーターが停まり、電車は停まり、道路は崩壊しているとしたら、トイレは？ 寝具は？ 何より今夜寝る場所は？ 等々たくさんの課題が浮かび上がってくる。オフィスや自治体庁舎には非常電源も設置されているが、実際に非常電源が使える範囲の電気器具は何か、その容量は？ など実際に試してみないとわからないことが多い。中には自動ドアやセキュリティ、オートロックなどが開かないなど信じられないことが起きる。そうした目に見えない、防災計画には書かれていないことを検証するのが本当の防災訓練である。アメリカの防災訓練はシナリオ通りできたら失敗と位置付けている。なぜならば訓練というものは、リアリティのある想定で課題を抽出するために実行するのだからと割り切っている。この社会インフラ断絶時における在宅避難生活訓練により、災害に自分の家族が生残る為に本当に必要となる備蓄品や準備しなければならない課題が見えてくるのである。

10 地域（町内会・自主防災組織）の中に防災隣組
――「自助」と「共助」の間に「近助」

この20年間、日本は阪神・淡路大震災と東日本大震災という二つの異なる大震災に襲われ、多数の犠牲者と甚大な被害を経験した。自他共にそう信じてきた防災先進国日本。この国は防災対策を強化していて、災害は無くせないまでも被害は少なくすることができるはずであった。しかし、両震災でいみじくも露呈したのは、従来の防災対策や防災訓練では自助、共助、公助が必ずしも機能しないということであった。私は、半世紀にわたり世界中の災害現場を回ってきて得た教訓として、約20年前から地域防災の基本は自助、近助、共助だと言い続けてきた。特に防災の原点はそれぞれの「自助」と「近助」につきると思っている。従来は「みんなで仲良く協力して防災対策」といわれてきた。一見わかりやすく便利な言葉だが、実際は漠然としてつかみどころがなく、顔が見えない言葉である。「みんなで安全・安心まちづくりを推進」と聞くと、耳障りよく美しく聞こえる。もちろん「みんな」の中には災害時要配慮者や老若男女すべてという意味では一言で表す役立つことも多い。しかし、「みんなで防災対策」「みんなで助け合おう」というふうに防災にみんなを当てはめた途端、具体的概念が抽象的概念に移行してしまう。それで終わってしまうのである。

みんなが参画することは極めて重要である。しかし、これまで二つの大震災を経験して判明したことは、「みんな＝共助で防災」の掛け声で結成された地域防災の切り札、自主防災組織があまり機能しなかったことである。地域によって異なるが、70～100％の割合で被災地域には自主防災組織が結成されていた。しかし、震災のときに自主防災組織がどんな活躍をしたかを聞くと「自分と家族と隣近所のことに追われ、それどころではなかった」という自主防災組織の会長さんの言葉が平均的回答だった。阪神・淡路大震災で町内会や自主防災組織が活躍した地域もあるにはあるが、ごく一部でしかない。全体の印象として、大規模災害時における自主防災組織の活躍事例が少ないのが現状である。

つまり、災害発生時は「みんなで助け合おう」というようなきれいごとや抽象論では何も機能しないということである。特に、命を守るという究極の防災・危機管理においては、自分や家族の命はみんなが守ってくれるのではなく、自分で守るしかないというのが厳然たる現実なのである。隣人を守ることができるのは、無責任なみんなではなく、隣人自身か近くにいる隣人でしかない。物理的にも当然過ぎる結論である。命を守るためにみんなが努力するのは良いが、みんなが同時に大規模地震という危機に陥ったときのために、より具体的に命を守る仕組が必要となる。それが私の提唱する「自助」と「共助」の間に「近助」という概念である。つまり、向こう三軒両隣の絆を強めることである。防災隣組を結成することである。このことを講演やメディアでずっと言い続けて来て、最近少しずつではあるがようやくあちこちで「近助」という考え方を定着させようとする動きが出てきた。また、町内会や自主防災組織の中に、近くで助け合う向こう三軒両隣の「防災隣組」の結成も進みつつあるのはうれしい限りである。

11 スマート防災に必要な知識と覚悟
——逃げる訓練だけでなく、闘う訓練も

阪神・淡路大震災が発生した１９９５年1月17日、私はその日から始まる第四回日米都市防災会議に出席するため、前日から大阪にいた。この会議は地域安全学会主催で、防災主管だった国土庁や建設省などが後援する会議であった。当時、防災対策の第一人者といわれていた東京大学の廣井脩教授らが推進役で日米交互に開催されていた。会場は天王寺区の大阪国際交流センター大ホール。なぜ、1月17日に大阪で開催されたのかというと、そのちょうど1年前の1月17日（現地時間）午前4時30分、米国ロサンゼルス・ノースリッジ地方を震源とするマグニチュード6・7の地震が発生した。震源が14・6㎞と浅かったためか、建物が多数倒壊するなどにより死者57名、負傷者約５４００人という甚大被害を出した。私も翌日現地に入ったが、国道10号線（サンタモニカ・ハイウエイ）などが損壊し車両が落下したり押しつぶされたりしていた。当日

は故マルティン・ルーサー・キング牧師の誕生日で、合衆国記念日の休日であった。休日の早朝であったから不幸中の幸いで被害はその程度で済んだと言われていた。しかし、まさか、その1年後、振り替え休日明けの、早朝に近畿地方で地震が発生するとは、そのときは夢にも思っていなかった。そのノースリッジ地震の一周年に当たる1月17日に日米の防災関係者が集まり総括をしようとしていた。なぜ東京でなく大阪会場になったのかというと、関西の防災意識が低いので啓発も兼ねて大阪を会場としたと聞いている。

阪神・淡路大震災発生前夜から、私はその防災会議の会場近くにあったホテルの8階で寝ていた。午前5時46分、下から突き上げるような揺れに目を覚ました。そのうち横揺れになったが、揺れていた時間は十数秒と短かった。そのころは東海地震が明日にも起きるのではないかといわれていた矢先だったので、最初揺れを感じたとき「ついに東海地震が起きたか」と思った。停電で真っ暗になった中でバッグを捜し、懐中電灯の明かりで着替え、いつも持っている携帯ラジオをつけた。NHKでは最初は確か人生読本をやっていたと思う。揺れが収まってすぐ「近畿地方で地震がありました」の後、しばらくしてから地震のニュースになった。「淡路島北端部を震源とするマグニチュード7・2、震源の深さ約20㎞」「この地震による津波の心配はありません」「各地の震度、大阪、京都、奈良、岡山、震度5」それを聞いた私は「?」と思った。淡路島北端部が震源地であれば、神戸気象台の震度つまり兵庫県や神戸市の震度が真っ先に発表されるはず。なのに……兵庫の震度が発表されていないことに一瞬戸惑った。そして、これは神戸がやられたのではないか、震度が発信できないほど被害が出ているのではないかと洞察した。「よし、神戸に行こう」と決めたのである。大阪の街は静かだったが、冬の5時台はまだ暗く寒かった。時折通る車のライトの中に浮かび上がったのは電柱に貼られたあの防災会議のポスターだった。皮肉にもそのサブタイトルは「来たるべき大地震に備えて」であった。この防災会議については後日談がある。翌日の大阪の新聞には、この会議のことが書かれていた。

タイトルは「間に合わない防災会議」であった。

私はそのままタクシーで神戸を目指した。大阪の被害は軽微であったが、武庫川大橋を渡ると西宮である。そこから街の様相がガラッと変わった。軒並み家が倒れ、あちこちから煙が上がっていた。場所はよく覚えていないが、大きな瓦屋根の木造家屋が倒壊し、その屋根の上で必死に瓦をはがしている人がいた。家の下敷きになっている人の声が聞こえるという。私も救助を手伝ったが、あのときほど道具が欲しいと思ったことはなかった。瓦は動かせるが下地の木材や梁はびくとも動かない。役立ったのは近くの工事現場にあった鉄パイプだった。周囲に壊れていない家屋も多数あったが、周辺には人が見当たらない。救助しながらそのことを聞くと「多分ほかの人は避難場所に避難したのでは」という答えが返ってきた。それを聞いた瞬間「あ、今までの防災訓練は間違っていたのではないか」と感じた。毎年毎回避難場所に避難する訓練が繰り返されていたので、地震が発生したら指定避難場所に避難しなければならないと信じて避難してしまったのではなかろうか。もちろん、津波や二次災害のおそれがあれば、直ちに安全な場所に避難することは当然である。しかし、安全が確保できた元気な人はそこに踏みとどまって闘わなければならない。なぜなら、みんなが避難してしまったら、誰が生き埋めの人を助けるのか、誰が火を消すのか。私は救助を手伝いながらそんなことを思い浮かべていた。その後、警察官が数人応援に駆け付けてくれて、60代の男性は無事救助された。

繰り返すが、危険が迫っていたら直ちに避難すべきである。また、身体の不自由な人などの災害時要配慮者やその介添えの人は迅速避難が肝要である。しかし、自らの安全が確保でき、二次災害の危険がなければ余震に注意しつつ初期消火、救出救護に当たるという覚悟が必要なのである。安全確保できた元気な人は、地元に踏みとどまり安否確認、捜索、救助、初期消火など、逃げる訓練ばかりでなく、闘う訓練も企画実施すべきではなかろうか。

第三章

スマート地域防災

1

ストリートミーティング

２００３年６月29日に広島市や呉市で発生した集中豪雨で土砂災害が３２５件、死者24名という甚大な被害を出した。それを契機にハードだけでなく、危険区域を定め住民に周知し円滑な避難ができるようにしようとソフト面にも重点を置くことを念頭に土砂災害防止法が制定された。２００５年４月、同法が施行されたときのキャッチフレーズは「行政の知らせる努力、住民の知る努力」であった。ここで言う「知らせる」「知る」対象は、主に地域の危険度、自宅の危険度のことを言っている。しかし、伊豆大島土砂災害（２０１３年）や広島市土砂災害（２０１４年）の例を待つまでもなく、被災地でインタビューしてみると「住んでいる地域がそんなに危険だとは知らなかった」「過去にも大規模土砂災害があった場所だったとは……」というように、自分が住んでいる危険度を知らない人も多かった。中には土砂災害の危険度が極めて高い「特別警戒区域」に指定されていた区域でも、そのことや危険度が約40％程度しか認知されていないところもあった。いかにその地域の危険度を住民に周知徹底することが難しいかを物語っていた。

そこで、私が推奨しているのが「ストリートミーティング」である。それは２００９年にオーストラリアの大規模森林火災の現地調査に行って学んだことである。ヴィクトリア州で２００９年２月７日㈯から発生した大規模森林火災（Bush Fire）は、死者２００人以上、焼失面積約40万ヘクタール（東京都の約2倍）、焼失住宅約１０００棟、避難住民約７５００人というオーストラリア史上最悪の森林火災災害となって、ブラックサタデーと呼ばれるようになる。

現地では１００年に一度といわれる記録的な干ばつ、熱波（40～46・５℃）、異常乾燥（湿度５％）、強風などの悪条件が重なったことが被害を大きくした要因。その上、干ばつが長引き（10月からまとまった雨が降っていない）病虫害を招いていて、枯木、倒木、降り積もった油を含む乾燥したユーカリ樹皮、病葉《わくらば》など森林はどこも可燃物貯蔵所となっていた。これらにいったん火がつくと高温（推定400～1400℃）となり、たちまち激しい上昇気流が生まれる。そこへまた新しい空気層が流れ込む対流により火災旋風が巻き起こり延焼拡大、飛び火（Spotting）していったものと推定されている。

ユーカリ葉の芯は硬く、いったん火がつくと中々消えず「火種を保持したまま空中高く吹き上げられ、風に乗って数㎞も離れた場所へ次々に火の玉（ファイアーボール）、火の粉（スポットファイアー）となって落下していった」と関係者はいう。熱波（46℃）と干ばつに見舞われていた森林に落下したスポットファイヤーは、一気に炎上し猛スピードで広がった。そして避難途上の人たちは逃げ道を失い、車ごと犠牲になったものと推定されている。「まるで引火性の高い危険物火災のように山肌を火が走っていった」と目撃者は語っている。

日本で200人以上の犠牲者を出す災害が発生すれば、遺族やマスメディアから行政の対応などへの批判が高まるのが常である。しかし、現地調査して驚いたことに遺族もメディアからもそうした批判めいた話はほとんど聞かなかった。というよりそれぞれが口にしたのは、「災害対応は原則自己責任」というフレーズだった。つまり、自分や家族の命は自分で守るということであり、災害発生時は自分でしか守れないという意味でもある。そして、行政対応などへの批判がないのは、地元の自治体や防災関係者がかなりきめ細かい「知らせる努力」をしていたことにある。

赤道をはさんで日本の反対側にあるオーストラリアの季節は日本と真逆で、12月から2月が夏季である。この季節は地域によっては洪水やサイクロン被害があるが、南東部のヴィクトリア州の12月から2月は熱波、干ばつ、山火事のシーズンとなる。この乾季は落雷などによる自然発火又はたき火の不始末、放火など各地で山火事が多発する。

では、この災害対策として地元の行政が何をしているかを、ダイヤモンドクリーク警察署のウェイン・スペンス巡査部長に聞いた。―オーストラリアでは春から夏にかけて空気が乾燥するため、トータル・ファイア・バン（Total fire ban・屋外火気使用禁止令）が出される。地域によって3レベルの規制が行われ山火事厳戒態勢に入る。そして、シーズン前の10月～11月にかけて各地で山火事対策のためのストリートミーティングが開かれる。２００８年もキングレイク地区を管轄する警察・消防が開催した―という。

つまり、山火事シーズン前になると、地域の防災担当職員、消防職員、警察職員、フォレストレンジャーなどがチームを組んで山火事の危険区域に連日入ってストリートミーティング（住民説明会）を実施するという。極めて広い地域のため、実際にはいくつかのチームが手分けして実施するそうである。しかし、日本と同じで山火事馴れした人々の関心は低く、昨年の参加者は住民の約10数%にとどまった。そのためか、今回の山火事でキングレイク周辺だけでも38人が死亡してしまった。スペンス巡査部長は「住民自身が意識啓発、情報確保にさらにコストとエネルギーを傾注してほしい」と語った。防災の関心が高いといわれる日本でも、防災セミナーの出席率はもっと低いかもしれない。スペンス巡査部長によると、ストリートミーティングの開催は約2か月前に通知し、山火事危険区域を細分化し、その現場特性に合わせて屋外で「防火帯のつくり方・整備の仕方」「山火事が発生した場合の風向きと火源の位置を把握し避難の方向を定めること」など、その地形や周囲の環境に合ったというより、一軒一軒家ごとの危険度を明確にして家ごとにレクチャーを行っているという。

私はこのストリートミーティングは日本でも実施すべきだと思った。「行政の知らせる努力」「住民の知る努力」と言っても、一般的な知らせる努力は、土砂災害警戒区域指定時の住民説明会、ハザードマップなどのパンフレット、広報、回覧などの印刷物での周知でしかない。地域によって、各家によって危険度はすべて異なるし、家族構成や建物の構造によっても「屋内安全確保」なのか「立ち退き避難」なのかを災害ごとに指導する必要がある。私がアドバイスさせていただいている自治体で実施してみている。従来の防災セミナーというのは広い範囲から住民を集めて一般的な最大公約数の話をしてきた。しかし、そこに集まってくる人たちは自治会の役員などの役目として出席するか防災に関心の高い人だけである。問題はそうした防災セミナーに参加しない人たちの意識啓発であり、自分の地域や自分の家の危険度の認知が必要なのである。そこで、行政区ごとに出かけて行ってストリートミーティング（防災アドバイザーとの意見交換会）を開催した。そして、その都度アンケート調査をしてセミナーに対する意見を聴くと、極めて好評で、毎回過去防災セミナーに参加したことのない人が参加して自分の身近な疑問や意見を積極的に発言してくれることに感動すら覚える。これからの防災行政は、形式的な紙ベースの一般論ではなく、その地域、その家にあった知らせる努力をしてほしいものである。必要なのは防災民度を上げるための草の根活動ではなかろうか。

2　夜中の避難勧告より、明るいうちの「予防的避難」

気象庁が出す大雨情報は、予報区ごとに次の順で注意、警戒を呼び掛ける。

①　大雨注意報…災害が起きるおそれがある大雨情報

②　大雨警報…重大な災害が起きるおそれがある大雨情報

③　記録的短時間大雨情報…数年に一度程度の降雨量が短時間に降り洪水・土砂災害を起こすおそれがあ

る大雨情報

④　見出しのみ短文情報（キャッチフレーズ警報）…さらに危険が切迫していると判断され、直ちに避難情報等を促す（気象庁は各種観測レーダーやデータをもとに「流域雨量指数」「土壌雨量指数」なども勘案して情報を発表する）

２０１２年７月の九州北部豪雨（熊本広域大水害ともいう・写真17）のとき、気象庁は大雨、洪水、土砂災害に係る注意報・警報を繰り返した後、７月12日未明までに「記録的短時間大雨情報」を７回発表した。さらに12日午前６時41分、熊本と大分の両県に「これまでに経験したことのない大雨」というキャッチフレーズ警報を発表し、気象庁が抱く最大級の危機感を込め、厳重な警戒を呼びかけた。このキャッチフレーズ警報は、前年９月に発生し多くの犠牲者を出した和歌山・奈良豪雨災害を教訓として改められた大雨情報発表基準のひとつである。２０１２年６月27日運用開始の翌月、初めて適用され発表された。

写真17　2012年九州北部豪雨（撮影：筆者）

そのキャッチフレーズ警報が通知された熊本市、その時点で、「道路冠水情報」「河川氾濫水位情報」などとともに市民から寄せられるおびただしい情報が殺到していた。そんな中で気象庁からの「これまでに経験したことのない……」は熊本県を通じ府県気象情報として受信された。殺到する様々な機関からの多量の情報の中で「これまでに経験したことのない大雨」という抽象的短文を熊本市はどう受け止めたのか。気象庁が意図する緊急性・重大性について、その時点で明確に認知・認識できなかったのではないかと思われる。つまり、気象庁が伝えようとした最大級の危機感は現場に届いていない。その証拠に熊本市が避難指示を出したのはそれから約3時間後の9時20分だった。そのころすでに市中を流れる白川は氾濫水位を越え複数個所で越水し、北区などで濁流が町を襲い多数の床下・床上浸水被害を出していた。

災害時、「国と自治体における緊急・重要情報の共有、緊急対応の共通認識」という、危機管理上もっとも初歩的かつきわめて重要な問題を露呈させ深刻な課題を残した。また、自治体等への防災情報集中過多・輻輳が現場の錯綜混乱に拍車をかけ、避難勧告・指示などのタイミングや適切な判断を阻害した可能性も否めない。今回多くの犠牲者を出した阿蘇外輪山周辺は、土砂災害常襲地帯である。国と自治体は、過去繰返されてきた土砂災害発生現場などを中心にして、これまで約４００か所の砂防堰堤（ダム）などを設置しハードの防災対策を推進してきた。また、国の機関や自治体等が住民に示し、意識啓発を進める根拠とした県が作成した「土砂災害危険個所マップ」「土砂災害警戒区域マップ」などソフトの防災対策も、主に過去の災害発生個所が基準とされていた。しかし、今回の土砂災害現場を見ると、過去発生していない地域や規模で土砂災害が起き、犠牲者を出している。それにより被害を大きくしたとも考えられる。

つまり、経験したことがない大雨が、経験したことのない区域・地域に降ったということである。過去の災害だけにとらわれることを「経験の逆機能」という。このところ、過去にない豪雨が各所で頻発している。地球温暖化による異常気象が本格的に牙をむき始めたのかもしれない。日本の国土の約7割は山間地である。日本中いつでも、どこでも経験したことがない災害に襲われる可能性がある。既往災害にとらわれ経験の逆機能に陥ってはならない。

その一方で、公共投資イコール悪というような短絡思考や、「コンクリートから人へ」というような一見耳触りの良い言葉で、画一的に物事を判断しようとする政治家もいる。治山治水は目先のことにとらわれ、国民の安全を犠牲にした政争の具にしてはならない。国は過去の経験を参考にしつつも、既往災害だけにとらわれず、地球温暖化時代に即し、俯瞰した長期的視点で将来を洞察した国家百年の大計を建てなければならない。そして、国民の安全に係る社会資本の整備は、一定の許容限界を設けつつ優先順位をつけて積極的に推進すべきである。

7月12日午前5時前、阿蘇市坂梨に住むAさん（42）は雷雨の中、かすかな横揺れを感じた。市職員の夫は大雨警報を受け市支所に待機中で、Aさんは小中学生の子供2人と一緒に家にいた。家の前の道路は流木交じりの濁流。6時すぎ、勤務先に「出勤できないかも」と連絡した直後、台所のガラス戸が割れ、濁流が入ってきた。慌てて3人で外へ飛び出し、近所の家に逃げ込んで一命をとりとめた。「揺れを感じて、すぐ逃げれば良かったのかもしれないが、警報の度に夫が出勤するのにも慣れ、逃げる考えがなかった」という。Aさん方の2軒上手のBさん（49）方は跡形もなく流され、一家4人と友人が死亡、妻Cさん（48）は約13時間後に救出されたものの、今も意識不明の重体。「ここは土砂崩れの常襲地帯。集落の上手に防災用防護壁があれば助かったかもしれない」とBさんの親戚の男性は悔しさをにじませる。住民らによると、土砂は集落の北側の田んぼを中心に流れ下った。最上部のBさん方が直撃された後、土砂は集落の狭い路地を川のように流れた。ただ、倒壊が2棟にとどまったのは「路地や集落の配置で幸運にも勢いが弱まったのではないか」との声もある。

Dさん（62）は、牛舎を見に出たときに土砂に襲われた。とっさに牛舎の2階へ、はしごを駆け上がり難を逃れた。車や牛は流されたが、母屋は無事。「下には逃げられないと思った」という。12日午前4時、阿蘇市全域に避難勧告。阿蘇市乙姫で108㎜という観測史上最も多い1時間雨量を記録。それでも坂梨地区では避難したという話はほとんど聞かない。道路を隔てて被害を逃れた阿蘇市議のEさん（57）は土砂崩壊後に近所の10人を誘導し自宅に避難させた。「早めの避難というが、夜中にあれだけの大雨と雷の中、避難するのは無理だ」と強調する。地域によっては、避難勧告などが発令された際、町内会長や消防団が一軒一軒回って声をかけ、避難を促すと共に避難状況の確認をすることとなっているが、土砂災害の危険が迫っている中では極めて危険な行動となる。

「夜中の0時すぎ、水道の蛇口をひねったら黒い水が出た。山が崩れているのではと思った」とFさん(68)。近くの公民館への避難を決め、阿蘇広域消防本部に勤める救急隊員の長男を通じ、地元消防団班長のGさん(44)に連絡。午前2時半、消防団員12人が一人暮らしの高齢者に避難を呼びかけたが、反応がない家もあった。一人暮らしのお年寄りの避難を支えた行政区長のHさん(72)は、避難を呼び掛けて歩いた際、すぐ後ろを崩落した土砂がかすめた。「数m吹っ飛ばされた。紙一重で助かった」と振り返った。

現地でインタビューしたとき、被災者が異口同音に言っていたのが「夜明け前で真っ暗、大雨、雷鳴の中、道路は濁流で川のようになっていた。あんなときに避難などできるはずがない」ということだった。広島市土砂災害（2014年）の現場でも同じようなことを聞いた。「深夜、前も見えない豪雨と雷鳴がとどろく中、道路は膝上程の濁流が物凄い勢いで流れていた」「避難するどころではなく外へ出ることすらできなかった」という人もいた。夜間、避難勧告が発令されても危険が迫ってから嵐の中を避難することは困難である。

そうした九州北部豪雨災害の教訓を活かそうと、熊本県は「いのち」を守ることを最優先とするユニークな施策を打ち出した。名付けて「予防的避難」の推進である。これまでは雨量や水位が一定の判断基準に達したことを踏まえて市区町村は避難勧告等を発令してきた。しかし、未明や夜間に大雨が降ってから避難勧告を発令しても、雷の鳴る大雨で暗い中を避難する方がよほど危険である。そうした避難路の危険を憂慮して、避難勧告発令を躊躇する市区町村もあった。そうした懸念を払しょくし、空振りを恐れず早期避難を促すための「予防的避難」制度である。

夜間や早朝に大雨などが想定される場合、昼間の明るいうち（日没前）に「予防的避難」を呼び掛けようという、危険が切迫する前に早期避難を促すものである。

実施基準は、次の通り。

・大雨等が予想される際、日没前の危険が差し迫っていない段階で住民の避難を促し、避難所等に住民を避難させる取組み（予防的避難）に対し、事業費の1／2を実施市町村に対し助成する。

・熊本地方気象台の予報を根拠に、大雨が予想されるとき。

(ア)　1時間雨量80㎜以上

(イ)　1時間雨量70㎜以上かつ24時間雨量２５０㎜以上

・台風が接近し、本県への影響が懸念されるとき。

・その他市町村長が必要と判断したとき。

熊本県が率先して明るいうちの早期避難を促そうとしていることに敬意を表したい。空振りを恐れ、避難勧告の発令を躊躇する市町村の背中を押す施策として、すでに阿蘇市、南阿蘇村、宇土市などで「予防的避難」の呼びかけ実績がある。予防的避難という言葉を使わなくても、夜間や早朝に大雨が想定されれば「避難準備情報」を発表して明るいうちの避難を推進することができる。各自治体でもいいところは取り入れるべきだと思う。熊本県では実効性を高めるため、市町村の背中を押すために「予防的避難」に関わる避難所開設費用などの2分の1を県が負担するとしている。こうした財政措置があって初めて市町村も動き始めるようになる。

3　防災訓練と釜石の奇跡

(1)　ハザードマップを信じるな

東日本大震災から8日目、私は「釜石の奇跡」と呼ばれることになる釜石市立東中学校に向かった。川沿いに2つの校舎が並んでいた。岩手県釜石市鵜住居《うのすまい》町、海岸から約800m、海抜約3mの川沿い低地に東中学校と鵜住居小学校は建っていた。2011年3月11日午後2時46分、東日本大震災が発生すると、教師が声を掛けるまでもなく、日ごろの訓練通り生徒たちは自分の判断でいち早く校庭に避難した。一緒に避難した教師が「点呼はいいから、すぐに避難しろ！」と叫び、その教師を先頭に避難所と定められていた約700m南西のグループホーム「ございしょの里」に向かう。生徒たちは走りながら「津波が来るぞ！」と大声で叫んでいた。一方、隣の鵜住居小は耐震補強が終わったばかりの鉄筋コンクリート造り3階建ての校舎で、雪も降っていたことから、教師たちは当初児童を3階に集めようとした。しかし、叫びながら走っていく中学生らを見て、教職員は避難することを即断。小学生も一斉に高台へ走り出した。このとき、鵜住居小には保護者数人が児童を引き取りに来ていた。教職員は児童を避難させたことを説明し、一緒に避難することを勧めたが、1人は児童をつれて帰宅し、津波の犠牲になってしまう。

避難した小中学生約600人は、標高約10mのグループホーム前に到着するが、裏手の崖が崩れそうになっていたため、中学生らはもっと高台への移動を提案。さらに約400m離れた標高30mの介護施設へ、中学生たちは小学生の手を引きながら避難した。この直後、鵜住居川を津波が遡上し、3階建ての両校校舎を一気に水没させた、津波の高さは約20mに達し、グループホームや周辺の建物が浸水する。

震災前、釜石市のホームページに掲載されていた津波ハザードマップには、明治三陸地震と昭和三陸地震の津波浸水区域、さらに宮城県沖地震における想定浸水区域が赤とオレンジ色の線で区分けされていた。そのマップでは東中学校と鵜住居小学校は浸水区域外とされていた。つまり、両校とも津波が発生しても浸水しない地域とされていた。しかし、両校の教師と生徒たちはこのマップをまったく信用していなかった。もし、ハザードマップを信じ校舎にとどまっていたら多くの犠牲者を出したに違いない。

東日本大震災における釜石市（人口3万9578人、2010年国勢調査）の死者・行方不明者は1143人（2015年9月1日現在）に上る。しかし、市内14小中学校に通う2926人中、学校を休んでいた生徒などの5人を除く2921人は全員無事であった。生存率は実に99・8％に上って「釜石の奇跡」と呼ばれることになる。そこには実践的防災を推進する専門家、その提案を受け入れた教育委員会と教師たちのひたむきな努力、そして、その教えを忠実に守り実践した子供たちの素直な心があった。

(2) バイアス払しょく教育

釜石市は2004年度から、群馬大学大学院の片田敏孝教授の指導を受けて防災教育を推進してきた。当初は社会人を対象として何度か防災講演会を開いたが、参加するのは意識の高い一握りの高齢者が多かった。受講者の顔ぶれは毎回代わり映えせず、教育としての広がりに欠けていた。そこで片田教授は、当時の教育長に働きかけ、児童生徒を対象にした防災教育の展開を提案する。「防災教育を受けた子どもたちは将来成人となり、家庭を持つであろう。防災意識の高い地域住民を子どものころから育成できる。同時に、子どもに対する働きかけをきっかけに親や地域社会に教育成果が広がることも期待できる」と考えたからである。教育長は理解を示し、児童生徒に対する防災教育が始まった。小中学校の教師を集めて開かれた講演会で、片田教授は「津波は子どもたちの一生のうちに必ず来る、そのとき自分の命を自分で守れる人間を育てたい」と強調し、その訴えに教師たちも強く共感する。教師たちとの連携で防災教育のテキスト開発と授業研究が各校で始まる。この取り組みは２００９年に文部科学省の防災教育支援モデル地域事業に採択される。そして事業の成果物として「釜石市津波防災教育のための手引き」が取りまとめられた。

東日本大震災の津波が発生したのは、手引きの完成からちょうど1年後であった。「手引きに基づく実践活動をまさに展開していこうという矢先の出来事であり、手引きに示した釜石の防災教育が特に優れていたと自己評価できるまでには至っていなかった」と、現在でも教育委員会内部には慎重な声も根強くある。しかし、多くの子どもたちが主体的に行動し、自他の命を守ったことは動かしようのない事実であった。手引きに基づく教育の評価とは別に、２００４年度以降積み重ねてきた釜石市の防災教育が着実に子どもたちに浸透していったことは間違いない。

２００５年度から防災教育の推進や顕彰を目的に兵庫県が主催する「ぼうさい甲子園」がある。これは全国の学校や地域において、児童・生徒が主体的に取り組む防災教育の中で先進的な活動を顕彰するもの。２００９年、２０１０年度と震災前に2年連続で釜石市立東中学校は「ぼうさい甲子園」の大賞に次ぐ「優秀賞」を受賞している。主な受賞理由は小学校との合同防災訓練など生徒たちが主体的に考え小学校や地域を巻き込んでの積極的な防災活動などが評価されたもの。釜石市教育委員会は震災後、東日本大震災のデータやそこから得た教訓を踏まえた「3・11以降の被災地での防災教育の創造と推進」を目指して手引きの改訂を進め、２０１３年3月には改訂版を発行している。これは釜石市教育委員会ホームページでも公開されており、誰でも自由に閲覧することができる。

⑶　津波避難3原則

Ａ４判１０２ページに及ぶ手引きは、冒頭で次の「津波避難3原則」を掲げている。これが震災前から訓練してきて釜石の奇跡を起こした津波避難3原則である。（3原則を防災心理面から検証）

〇想定を信じるな

相手は自然であり、到達時間や高さ等、人間の想定どおりの津波が来るとは限らない。津波浸水区域を示したハザードマップ等の情報を鵜呑みにするなと言っている。ハザードマップの前提となっているのは既往災害や仮説に基づいた被害想定である。将来起きる災害は必ずしも過去と同じものが起きるという保証はない。過去の事例にとらわれる認知心理バイアスを「経験の逆機能」という。１００年程度の限られたデータや経験で将来の災害を予測することはできない。また、地震の専門家の仮設に基づいた被害想定も「エキスパートエラー」が多い。専門家情報を過大に評価せず、「想定にとらわれるな」という合言葉が見事にそのバイアスを払しょくしている。

〇最善を尽くせ

そのときできることに全力を注ぐ。少しでも早く、少しでも高い場所に避難する。指定された避難場所だからと安心せず、もっと安全な場所に行けるのであればそこを目指して避難し続けること。つまり、たった一つのかけがえのない命を災害などで失ってはいけない。とりあえずその場その場の現状を維持しようとする「現状維持バイアス」を払しょくしすぐに行動せよ、最後まで決してあきらめずに最善を尽くせと言っているのである。生徒たちはそれを本番で見事に実践して見せた。

○率先避難者たれ

いざというとき、人間は自分から進んで避難しようとしない傾向がある。まずは自分が率先して避難する。そういう心の準備をしておく。誰かが避難している姿が、周りの人々の避難を促し、多くの命を救うことにつながる。今までの防災訓練はシナリオがあって、学校であれば地震時に「机の下に潜れ」とか「校庭に避難せよ」という教師の合図で生徒たちは動いていた。地域でも防災無線で「避難勧告が出されました。避難場所に避難してください」と言われて市民が避難を開始していた。つまり、誰かから言われないと避難しなかったのである。「率先避難者たれ」は、教師や行政に依存せず、自分の命に関わることは自分で判断せよということである。特に集団でいる場合は集団に依存し、無意識に集団の行動や空気を読もうとする。それを「集団同調性バイアス」という。集団同調性バイアスとは、集団に依存し、集団と異なる行動をとりにくい心理的傾向をいう。「みんなが逃げないから自分だけ逃げるのはおかしい」とか、みんなが逃げないから大丈夫では」と思ってしまう心理である。集団でいると互いにけん制し合って、逆に逃げ遅れる危険性がある。「率先避難者たれ」は、危ないと思ったら、自分が最初の逃げる人になれ！ということ。そして、片田教授は、自分だけでなく避難するときに「津波が来るぞー」と大声で叫びながら避難する訓練もさせていた。中学生の声を聞いた鵜住居小学校の教師に避難の決断を促すことになって多くの児童が救われた。傍観者ならない心も大切である。

震災前8年間にわたり片田教授たちが指導し生徒たちが実践してきた津波避難3原則訓練は、バイアスを払しょくする防災心理に適ったものであった。

4 自治体の防災訓練と自衛隊の活躍

(1) みちのくALERT2008

東日本大震災の3年前に東北で大規模な防災訓練が行われた。2008年10月31日～11月1日に遠野市を主会場に実施された「自衛隊東北方面隊震災対処訓練（みちのくALERT2008）」である。そのときの災害想定はマグニチュード8・0、震度6強、大津波発生！という将来高い確率で発生するとされていた宮城県沖での巨大地震を想定したものだった。まさか、その3年後にそれを上回る超巨大地震が発生するとはそのときは誰も考えていなかった。このとき訓練に参加したのは陸上自衛隊東北方面隊（全部隊）を中心に各方面隊、施設学校、海上自衛隊、航空自衛隊をはじめ岩手県宮古市から宮城県岩沼市までの太平洋に面した24自治体（宮城県、岩手県を含む）、防災関係機関35機関並びに一般市民を含め1万8000人、車両2300台、航空機43機が参加するかつてない大規模かつ多様で実践的な訓練であった。訓練は「10月31日午前5時30分、宮城県沖を震源とするマグニチュード8・0の地震が発生し、仙台市等で震度6強を観測、三陸沿岸部に津波が襲来し、死傷者が多数発生した」という想定で始まった。災害派遣（自衛隊法83条）要請等の受発信、陸、海、空からの被災状況等の情報収集、連絡調整。被害甚大箇所の特定、人命救助、行方不明者の捜索・救出などと「港湾周辺漂流物により船舶航行不能」など、特に大津波襲来を想定した捜索救助、搬送、医療活動などにも重点が置かれた。「家屋倒壊、連絡途絶」「橋梁落下、国道通行不能」など道路損壊や橋梁の落下などを想定し、仮設橋の構築、がれきの撤去などの道路啓開など。自衛隊を中心とした熱のこもった迫力ある訓練が展開された。さらに、被災者支援のための給水、給食、入浴、医療などの民生支援訓練も実施された。発災時、いかに迅速な自衛隊の災害派遣と実践的訓練が必要だったかは、その3年後の東日本大震災（2011年）で実証されたことは衆目の一致するところである。

阪神・淡路大震災（1995年）における各救助隊による生存者救出は、警察3495人、消防1387人、自衛隊165人であった。自衛隊への派遣要請の遅れ、災害派遣に係る法整備の不備などにより、自衛隊が十分に活動できない状況もあった。阪神・淡路大震災のときは津波襲来がなかったこともあって、建物の下敷きになっていた人の多くは家族、隣人、通りかかった人たちによって助け出されている。それでも犠牲者の87・8％が圧死であった。もし、自衛隊の早期出動が可能であったら救われた命もさらに増えたのではという反省が残った。その教訓を活かし、自衛隊法の一部改正が行われた。

(2)　自衛隊の生存者救助1万9286人

そして、2011年3月11日14時46分、東日本大震災が発生する。2008年に実施された「みちのくALERT2008」の想定をはるかに上回る広域複合大災害であった。発災直後、陸上自衛隊東北方面隊を中心とした初動対応は目を見張るものがあった。そして、大津波により流され漂流している人、孤立した人たちの多くが救助隊によって救助された。

東日本大震災の生存者を救出したのは、警察3749人、消防4614人、自衛隊1万9286人で、全生存救出の7割近くを自衛隊が救出している。これは特筆すべきことである。

災害の顔（様相）はその都度違う。だから阪神・淡路大震災と東日本大震災とを単純比較することはあまり意味がない。しかし、3年前の訓練によって、隊員たちは発災時の担当地域、そしてその地理などを熟知していたことが、約2万人の生存者救出につながったものと推察する。もし、セレモニーとして顔合わせ程度の形式的防災訓練であったら、こうした結果は得られなかったに違いない。公助たるものかくありたいものである。

この実践的大規模訓練が実施されるまでには関係者の高邁な使命感と国民を守るという並々ならぬ強い意志が感じられる。この訓練を主導指揮したのは東北方面総監宗像陸将である。宗像陸将は２００７年7月に第33代東北方面総監として着任し、仙台駐屯地に入った。そして、東北各地を精力的に視察。翌年の２００８年4月、三陸沿岸地域を視察すると共に各自治体を表敬訪問した。この三陸地方は昔から地震津波の常襲地帯と知られ、明治三陸津波、昭和三陸津波、チリ地震津波など大規模地震と大津波でその都度甚大な被害を出してきて地域であった。そして、想定される宮城県沖地震（Ｍ８クラス）が向こう30年以内に発生する確率は99％と発表されていた。こうした背景もあって三陸地域では各施設の耐震化等の整備を進めると共に、市民参加の防災訓練が行われてきた。視察を終えた宗像総監は「自治体職員や住民の防災意識の高さを実感するとともに、蓋然性の高い大規模災害発生に対し東北方面隊として何ができるか、何を準備すれば良いか」の思いを強くし実践的な防災訓練を現地で実動訓練として実施することに意味があるとして、大規模訓練の具体化を指示する。そして「宮城県沖地震対処計画」策定に着手する。各自治体との調整担当者はこの総監の思いを受けて２００８年度当初から熱意を持って調整を行い実現に至る。一部では「防災訓練の名を借りた軍事訓練」などというピント外れの批判もあったが、「住民の命を守る」というおとこのロマンを身にまとった隊員たちの熱い思いが訓練を成功に導いた。訓練後は反省点や課題の検討会を開いて調整を図った。こうしたリーダシップと隊員たちの努力があってこそ、東日本大震災時には約2万人の生存者救出につながる伝説の防災訓練実現となったのである。

⑶　自衛隊への過剰依存は、自治体の防災モラルハザードを招く

自衛隊による災害派遣・救出作戦は近年でも顕著な成果を上げている。２０１５年9月、関東・東北豪雨災害が発生する。台風18号の影響を受け、9日～12日にかけて関東から東北地方に繰り返し同じ地域を襲う豪雨（線上降水帯）が襲った。61河川が氾濫、このうち14河川19か所で堤防が決壊し広い範囲が浸水する。特に茨城県常総市の鬼怒川、宮城県大崎市の渋井川の決壊要因は本流の利根川、多田川の水位上昇によって引き起されたバックウォーター現象によるものとされている。この豪雨災害による犠牲者は宮城県2人、栃木県3人、茨城県3人の計8人（総務省消防庁）。12日から3日間私は常総市の鬼怒川決壊・浸水現場を回った。約40㎢が浸水した常総市では、まるで東日本大震災の津波現場を見ているような既視感を覚えた。これほど広範な地域を濁流が襲い家屋が流失していれば、もっと多くの犠牲者を出しても不思議ではない。鬼怒川決壊直後から、濁流が市街地に侵入し蹂躙する様子を上空からの映像でＴＶ各社がリアルタイムに流していた。瓦屋根に避難し助けを求める人たち、ヘリで救助された直後にその住宅が流された映像もあった。救助隊が遅れればさらに多くの人的被害を招いたと思われる。

この災害でヘリコプターにより生存救助された人は１３４３人。その内訳は自衛隊７２３人、海上保安庁99人、警察２０９人、消防３１２人で、半数以上が自衛隊のヘリで救助されている。また、地上の救助隊に救助された人は３１２８人に上る。その後も給水、給食、入浴、医療支援などにも自衛隊が活躍した。いずれにしても自衛隊の危機対応力の高さと存在の有難さを物語っている。

こうした迅速果敢な機動力の高さが災害のつど示されることもあって、自治体や国民が自衛隊に寄せる期待は極めて高い。自衛隊はいざというとき頼りになる。実際その通りである。しかし、一方で何かあったら自衛隊が何とかしてくれるという他力本願的自衛隊依存が高まる危険性にも目を向ける必要がある。元来、

自衛隊にとって災害派遣が主たる任務ではなく、自衛隊の本分は国土防衛にある。万一敵からの侵略行為が発生したり、ミサイル攻撃などの武力攻撃事態が発生したりした場合、救出救助よりも、敵に対峙し敵を迎え撃つ国防優先となる。そのときに大規模災害などが発生しても東日本大震災時のように自衛隊10万人出動は期待できないし、期待すべきではない。

災害時への自衛隊依存は、国防的平時にだけ許されることである。これが常態化すると「災害時は自衛隊頼み」となって、自治体や国民の間にある種の「防災・危機管理モラルハザード」が蔓延する危険性が高い。というより、すでに自衛隊依存症に陥り、自助努力としての防災・危機管理対応力強化や整備がおろそかになっている自治体が増えている。某県の幹部は私に「防災・危機管理は指揮権は自衛隊に任せる方がいい」と、最初から自衛隊頼みになってしまっている。本来住民の防災意識を高め、大規模災害でも閉じ込められない、逃げ遅れない実践的訓練を行い、自衛隊に災害派遣を依頼しなくても良い安全なまちづくりを行うことが自治体の責務である。そうした実践的努力をせずに、安易に大規模災害はすべて自衛隊頼みになってはいけないのである。最近は自衛隊OBを競って危機管理の要職に据える自治体が増えている。自衛隊、警察、消防OBの経験や知識を自治体に取り入れること自体は決して悪いことではない。しかし、それによって過度の自衛隊頼みに傾斜し過ぎることはいかがなものか。基本は自律（自立）的自助、近助、共助が原則である。国家危急のときだって大規模災害が発生しないという保証はない。現に東日本大震災時の混乱に乗じ国会や大手企業へのサイバーテロを仕掛けた国がある。東日本大震災時、首相の指示もあり自衛隊は最大規模の災害派遣を行った。3月末で派遣隊員総数10万7000人（主な内訳は陸自約7万人、海自1万4000人、空自2万1000人、中央即応集団約500人など）これは総自衛隊員24万人の約半数にあたる。震災で国防が手薄になったことは誰にでもわかる。

(4) 防災訓練は「目的・目標」をもっと明確に

自治体の総合防災訓練要綱などに掲げる目的欄には「災害対策基本法、○○県地域防災計画及び○○市地域防災計画に基づき、防災関係機関と地域住民が相互に連携して、各種の防災訓練を総合的に実施し、災害時に即応できる体制を確立するとともに、広く防災意識の普及高揚を図り、地域防災力の向上に資する」というように大所高所から高邁な目的ではあるが、抽象的で参加者の心に響くとは到底思えない。中には「訓練は次に掲げる事項を目的とする」として次のように箇条書きにする自治体もある。

・「自分たちのまちは自分たちで守る」という地域ぐるみの防災対策の促進
・市民の防災意識の高揚及び防災行動力の向上を図ること。
・市及び関係防災機関相互の協力体制を確立すること。
・市民及び市内事業所の協力体制を確立すること。

多少具体性が感じられるが、言い方は違っても抽象的であることは否めない。

どれも「訓練の目的」といってはいるが、どちらかというと要綱作成についての趣旨説明に終始している。本来あるべき訓練目的は、規模や体制の異なる団体、それぞれに違う価値観や特性を持つ組織や個人に対して、共通のかつ共有できる訓練目的を規定するものでなければならない。短いフレーズで多様な参加者全員の心をつかみ、心を一つにして邁進するため、各主体のベクトルを合わせるために掲げるものである。だから、スマートにやるのであれば趣旨説明のいらない単純明快な目標（テーマ）を掲げるべきである。例えば、2万人を超える犠牲者を出した東日本大震災の教訓を活かし、

① 大規模地震発生時、死者ゼロを目指す
② 津波・洪水（土砂災害・噴火災害）発生時、逃げ遅れゼロを目指す

というように、「命を守る」という普遍的・抽象的概念から一歩進めて「死者ゼロを目指す」というように、具体的な数値目標も明示すればみんなの心にストンと落ちる。そうでなければ、あっても無くてもいい建て前としての訓練目的になってしまう。よりわかりやすい共通の訓練目的を示し、使命や役割の異なる団体・組織・機関・個人が持ち場立場でその目的達成のために、どんな手段でどんな連携行動を取るのかを明確にして実行することである。つまり、目的が要綱作成のための趣旨説明ではなく、個人と組織というより参加者全員に共通のゴール（目標・目的）に向かう価値観と使命感を与えることに意味がある。具体的な目的があってこそ、具体的な対策が生まれる。抽象的な「みんなでできるだけがんばりましょう」といっても、誰が何をどうやって頑張るかまったく見えてこない。ランナーもゴールが明確になればなるほど、全力で走ることができる。

そして、目標・目的達成のために団体・組織それぞれが、いくつかの手段で連絡・連携方法を試してみたり具体的に運用してみたりする実験の場であって良いのだ。米国では防災訓練の目的のひとつは、懸案事項やネックとなると想定される問題を解決するために訓練はあると位置付ける場合が多い。つまり、日本のように分刻みでシナリオ通りに行う防災訓練では、リアリティがなく、実践では役立たないことを知っているからである。アメリカの危機管理学者が日本の防災訓練を見て「これは劇の練習か？」と言った。そのとき私は彼に何も言い返すことができなかった。日本は防災大国と思っている人が多いが、実際は形式的な防災訓練に終始していることに気付いていない。特に自治体は防災訓練要綱、実施要領があり、さらに主催者が関係者に配布する訓練台本（シナリオ）まである。台本には分刻みの時間と内容などはもとより、例えば対策本部に報告する人及び受け付ける人の文言もあって、まったく舞台台本である。そして主要な参加者は役者になったように一言一句セリフを間違えないようにそれをなぞっている。まるで、学芸会のようであるが、実際の災害にシナリオなどない。そして、役者が必要なのではない。

東日本大震災では多くの自治体や企業が防災マニュアルやＢＣＰ（事業継続計画）が役立たなかったと反省している。こうした話は、阪神・淡路大震災の後も同じように反省点として挙がっていた。日本では甚大被害を出し、多数の犠牲者を出して得た教訓をどこに活かしているのだろうか。防災訓練は阪神・淡路大震災後と現在とほとんど変わっていない。消化行事としての防災訓練になっていないか？　防災訓練ごっこになっていないか？　もう一度原点に返って、リアリティある防災訓練の目的をスマートに考える必要がある。反省すべきはマニュアルやＢＣＰではない。災害に対峙する姿勢である。リアリティのある訓練、そして目的を美化するための美辞麗句など不要である。全員が胸のうちで反芻しやすい、わかりやすい目的設定から見直さなければならない。

⑸　防災訓練五か年計画と防災戦略

しかし、総合防災訓練とはいっても、自治体や企業が実施する訓練は、物理的にも経済的にも数日かけての大掛かりな訓練などできない。つまり、死者ゼロを目指すとしてもそれほど多様な訓練をすることも完結することもできない。だから、ついつい表面だけの形式的訓練になってしまう。自治体や企業によっては、防災の担当者がころころ変わり、変わらないまでも兼任のためきちんとした時間を割いて基礎的なことから見直す余裕がない場合が多い。そのため、前年度の要綱や実施要領を引っ張り出して、日付と場所を変えて今年度の総合防災訓練（案）とする場合が多い。これでは何のための防災訓練かと疑わざるを得ない。美事麗句を並べ形式的には整っていたとしても、単なる年間行事の消化作業にほかならない。多数の団体や組織も毎年毎回同じ訓練をしていると、惰性的に義理で参加することになっていく。その結果、シナリオ通り時間通りできた訓練が成功という本末転倒の自己評価で満足してしまう。実際の災害発生時はシナリオ通りなど行くはずがないので「想定外でした」と言い訳することを繰り返す。もう、こうした防災訓練ごっこは止めにしようではないか。

まず、自治体や企業は訓練のあるべき姿を明確にすることから始め、訓練の目的を単純明快にすること。さらに、同じ訓練を繰り返すのではなく、防災訓練の向こう五か年計画を建てること、そう、この「防災訓練五か年計画」こそが防災対策の大きな肝になる。それは、防災戦略に必要不可欠であるからである。防災というのはおとこのロマンであると同時に手強い自然災害という強敵との闘いである。闘いといっても相手をねじ伏せやっつけるということではなく、我々人類が過去連綿と続けてきた「命を守る闘い」を今に生きるものが引き継ぎ、次世代の人にバトンタッチできるようにするのが防災・減災という概念である。

命のバトンをつなぐということは防災・危機管理のバトンをつなぐことでもある。そのためには過去の災害経験や教訓を取り込んだ戦略が必要である。戦略という難しいものではなく、自治体、企業、地域における獲得すべきポジション、つまり、向こう5年先にどうなっていたいか？　という自分たち自身に対する問いかけから始める。例えば、震度6強の地震に襲われたとき、施設やインフラが絶対損壊しないという街にできたら、それに越したことはない。しかしそんな街を作ることは極めて困難である。であれば、多少建物やインフラなどのハードやシステムが損壊しても「人さえ死ななければなんとかなる」のである。もちろん、ハードやシステムの耐震化などを徹底した上での話である。その上で「大地震でも犠牲者ゼロを目指す」ために、例えば次のような計画が考えられる。

・初年度／住民・職員（社員）の意識啓発徹底セミナー、図上演習
・二年度／緊急地震速報や小さな揺れで、命を守る行動訓練

・三年度／大規模地震発生時、火を出さない訓練と出火時の初期消火訓練
・四年度／津波・洪水・土砂災害、噴火時、逃げ遅れゼロ訓練
・五年度／家庭、地域、企業、行政の連絡・連携訓練

これは一例。実際にはそれぞれの特性に合わせた内容で、5年後のあるべき姿に対して具体的に明確な年次計画案を提示し、その中で、前年の反省会によって課題となった問題点を次年度に解決するための対策を訓練として実践してみるなど、5か年計画案にとらわれず目的遂行のために柔軟な姿勢で訓練する必要がある。

⑹　災害時における情報収集

例えば、災害後の情報収集が重要なのは誰でも理解できる。しかし、ひと口に情報収集といっても何の情報を、いつ、誰が、誰に、どうやって収集するかが具体化されていない。例えば、災害対策本部に詰めている部長級の人たちを集め「災害時、どんな情報が必要か？　ここで10個挙げてください」と言うと、インフラ、道路、鉄道、地域の被害などを挙げるが、すぐに10個は出てこない。また、「インフラってなんですか？」と聞くと、「電気、ガス、水道、電話など」と答えるので、「では電気の情報をどこの誰にどうやって確認するのか？」と聞くと、「地元の電力会社支社に電話で聞く」というので、「電話が通じない場合は？　仮に通じたとして、電気の何を聞きたいのですか？　停電がいつ復旧するのですか？　インフラの中の電気だけ考えても具体的に支社の電話が使えなければ？　インターネット回線が不通だったら？　余震の続く中、危険を冒して自転車で確認に人を行かせる価値はあるのですか？」。情報収集といっても発災直後の混乱と余震の続く中でも、必要な情報を迷わず集めるための優先順位とフォーマット（図5）を予め用意しておき、指示されなくても、いつ誰がどうやってどんな情報を収集し、それを誰が集約して、誰にどんなフォーマット

で伝えるかを明確にしておくものがマニュアルである。指示待ち訓練をしていても意味がない。

① 災害後、自治体職員の多くは本来業務が手につかない

災害直後から、自治体や企業の防災担当職員は不眠不休の状態が続く。と、聴くと、それは「きっと、被災者支援や応急の緊急対応など本来の防災業務に追われてしまうのだ」と思うのは早計である。災害現場を50年回ってきて多くの自治体職員や社員たちの働きぶりを見て来た。そして、落ち着いてから彼らの本音の愚痴や不満をぶちまける職員の苦労というか宮仕えの哀しみを聞いてきた。異口同音に言うには「あれも、これもやらなければと思うことがほとんどできないことが辛かった」という。それを最初聞いたときは、激甚災害による通信が途絶え停電などで連絡不足、人手不足、時間不足、物資不足という災害時特有の混乱が主な要因だったと思った。実際古い付き合いの防災担当職員は自宅が被災したこともあり、約3か月間家にも帰れず、役所の中で生活し続けた結果、重症の肺炎で入院した。水不足だったため歯磨きする時間も取れなかったことで、口腔内の細菌が歯茎から肺に入ったためといわれている。中にはトイレを我慢しているうちに、尿意を感じなくなった後に重

図5　BCP情報収集票（様式例）

年　月　日／連絡者		伝達先		
BCP情報収集票（例）				
項目／相手先	電気	ガス	水道	電話
緊急連絡(1)	○○支店	○○支店	市水道局	○○支店
緊急連絡(2)	○○支社	○○支社	配水場	○○支社
緊急連絡(3)	担当者	担当者	担当者	担当者
緊急連絡(4)	駆け込み	駆け込み	駆け込み	駆け込み
ネット	Web・HP	Web・HP	Web・HP	Web・HP
SNS	Facebook	Facebook	Facebook	Facebook

	電気				
復旧見込み					
応急対応					

症の膀胱炎で倒れた職員もいた。ところが防災担当幹部職員がこうした過酷な環境によってやらなければならないことができなかったのではなかった。災害直後から会議の連続で、防災担当職員だけでなく各部署の職員までもが会議で使用する資料作りに追われ、本来であれば行わなければならない緊急対応業務がまったく手が付けられない状態になってしまうのである。

②　被災自治体の災害対策本部事例

例えば、東日本大震災後に宮城県が検証した「災害応急・復旧対策（地震発生後・6か月の対応）」の抜粋を以下引用する。

―地震発生とともに設置された災害対策本部の事務局には、あらかじめ定めていた要領に基づき、事務局職員が運営グループ、対策グループ、情報グループ、通信グループ、広報グループ、物資調達グループ、庶務グループ、緊急消防援助隊調整グループ（宮城県消防応援活動調整本部）及びヘリコプター運用調整グループ（ヘリコプター運用調整班）に分かれ活動を開始した。その後、3月14日に、知事特命により物資グループが、3月16 日に物流調整グループが設置されるとともに、4月1日には避難所グループが設置された。本節では災害対策本部事務局（以下「本部事務局」）に置かれた各グループの初動からの対応について検証する。―

―運営グループの対応内容

運営グループは、収集した被害状況や各グループの対応状況の情報整理・管理及び共有を図るなど、本部事務局の総合調整や、災害対策本部会議の開催・運営等が主な役割となっている。

ア　本部事務局の設置等。発災直後においては、地震の震度情報や地震発生から3分後に発表された大津波警報について、一斉指令ＦＡＸで市町村に注意喚起するとともに住民への避難指示を行うよう連絡した（その後も余震による津波警報・注意報発表時には同様の対応を行った）。早急に第1回目の災害対策本部会議を開催するため、本部連絡員会議を行政庁舎5階危機管理センターで開催し、各部局及び警察本部に対して部局長、警察本部長の出席及び職員の安否状況等、現時点で把握している情報の取りまとめを行うよう指示した。15時20分には、行政庁舎2階第二入札室を自衛隊連絡所とするため設営するなど、自衛隊連絡員受入れのための調整を行った。その後、今回の災害は想定を超えた被害となることが明らかだったため、本部事務局をあらかじめ指定していた行政庁舎2階講堂への移設準備に着手し、18時に移設を完了した。16時からは、今回の地震発生に関する県民向けの知事臨時記者会見が行われることとなり、会見内容の調製を行った（この間、※運営グループの体制（職員配置数）は3月11日4人、3月12日以降2人となっている）。

——災害対策本部会議は、3月11日、12日は4回、13日、14日は3回、15日から22日は1日2回、以後は1日1回（4月8日は4月7日深夜に余震発生のため2回）開催した（会議の開催回数や次回開催日時は知事が決定）。災害対策本部会議の開催に当たっては、情報グループが収集した市町村の被害状況をまとめるとともに、各部局等に被害状況等の資料作成と会場への持ち込みと机上への配付を行うよう毎回依頼した。本部事務局としては、会議の開催前に各部局等から被害額を聞き取りし、人的被害、家屋・非住家被害等の状況を取りまとめて一覧を作成するとともに、仙台管区気象台から電子メールで提供される「宮城県の天気予報」「余震の活動状況」を印刷して配付した。会議終了後は、会議資料を本部事務局の各グループに配付するとともに、3月18日から市町村へ送付（紙又はPDFファイルを電子メール）し、4月12日からは宮城県電子県庁共通基盤システム（職員ポータル）にもPDFファイルで掲載した。また、情報提供の要望のあった石巻市への派遣職員（東部地方振興事務所）へは、本部会議の概要版（A4・1枚程度）を作成し送付した（5月11日から6月2日まで)。なお、発災直後の第1回本部会議では、本部事務局及び各部局で資料を作成するいとまがなかったことから、気象庁の「インターネット防災情報提供システム」から配信される「各地の震度に関する情報（3月11日14時54分)」及び「津波予報（3月11日14時59分)」を本部事務局で印刷し配布した（4月7日深夜の余震の際も同様に配布)。—

この検証記録の中にも「災害対策本部会議の開催に当たっては、情報グループが収集した市町村の被害状況をまとめるとともに、各部局等に被害状況等の資料作成と会場への持ち込みと机上への配付を行うよう毎回依頼した。本部事務局としては、会議の開催前に各部局等から被害額を聞き取りし、人的被害、家屋・非住家被害等の状況を取りまとめて一覧を作成するとともに、仙台管区気象台から電子メールで提供される「宮城県の天気予報」「余震の活動状況」を印刷して配付した。会議終了後は、会議資料を本部事務局の各グループに配付するとともに、3月18日から市町村へ送付（紙又はPDFファイルを電子メール）し」という記述があるように、災害対策運営グループだけでなく、各部局等に「資料作成と会場への持ち込みと机上への配布を行うよう毎回依頼した」とある。災害対策本部会議は震災当日の11日と12日に4回ずつ開催されている。そのたびに各部局は資料を取りまとめ・作成して配布しなければならなかった。

部局によっては部局の連絡会議を対策本部会議前に毎回開いていたという。これほど会議が開催されていれば、職員たちが準備に追われるのは無理のない話である。例えば震災当日、14時46分の地震後、その日だけでも約10時間に4回、つまり平均2時間半おきに会議が開かれていたことになる。そして2時間半ごとに開催される会議までに各部局員は資料のとりまとめ作成配布作業や連絡会議に追われ、地域防災計画や災害時行動マニュアルに基づく本来業務に取り掛かることさえできない状態に陥る。市町村や国との中間に位置する県だからこの程度だが、市町村職員はさらに過酷な状況に陥っていた。県や国から情報・資料提供要請に対応し、マスコミ対応、被災者対応、当該市町村の災害対策本部会議用の資料のとりまとめと作成作業など等にきりきり舞いしていた。被災者対応、応急対応、緊急対応など災害時における優先行動フローチャートなどとっくに画餅に帰していた。

災害後の被災地情報はドラスティックに変化する。人員不足、インフラ混乱、情報錯そうに耐えながら必死でまとめた災害対策本部会議用資料は30分から1時間経過すると陳腐な古いデータと化す。流動的な状況下でも自治体職員は職場風土によりできるだけ数字データを記述したがるが、流動的状況下での数字は本来あまり意味がない。しかし、上部の役所が知りたいのは国の関係部局及び省庁に配分される災害復興予算のための概算被害額である。過去、大規模災害を経験した自治体幹部職員は最初に報告する被害の概算数字によってその後のすべてが動くことを学習してきた。それによって自分の自治体への復興交付金額と恒常的赤字財政の将来が決まるのである。その結果、現場の職員が焦る被災者支援や応急対応は後手に回ってしまうのである。この仕組みを打破しない限り、自治体挙げての総力戦による災害対応は期待できないことになる。会議にデータや資料は必要だが、情報収集は職員の状況を勘案し必要最小限に絞るように指示するなど対策本部長等の気配り心配りが士気を挙げることになる。

③　防災訓練には客観的評価員を配置せよ

自治体や企業の防災訓練は、ほとんどがシナリオ型の形式的訓練といっても過言ではない。特に企業やマンションで行われている訓練は消防訓練が主体となっている場合も多い。消防法では、大規模・高層の建築物等（防災管理対象物）において、火災だけでなく地震その他の災害からも被害を軽減するため、防災管理者を選任し防災管理に係る消防計画を作成し、防災管理上必要な業務（防災管理業務）を計画的に実施することが義務付けられている。ここでいう防災管理対象物とは、共同住宅、格納庫、倉庫等を除くすべての用途の建築物等の11階以上の建物で1万㎡以上、5階以上10階以下の建物で2万㎡以上、4階以下の建物で5万㎡以上、地下街は1000㎡以上の延べ面積の建物をいう。こうした建物の所有者、占有者、管理者は、有資格者の中から防災管理者を選任して、防災管理業務を行わせなければならないとされている。防火管理と防災管理の消防法上の相違点は、「火災による被害の防止・軽減」と「地震等の火災以外の災害による被害の軽減」にある。それに該当しない建物には防火管理者が選任されていて、防火対策の推進を図ることとされている。なお、防火対策と防災対策との一元化を図るため、防災管理対象物においては、「防火管理者が行うべき防火管理業務は、防災管理者が行うこと」とされている。

一般的な建物（防災管理対象物以外の防火対象物）の場合には、防火管理者が選任され消防計画を作成し防火管理に関する業務を遂行することになっている。その消防計画の中には震災対応などもあるが、防火管理業務というように、どちらかというと防火管理者は防火対策を優先する傾向にある。年に1～2回の消防訓練では、主に火災発生を想定した通報訓練、初期消火訓練、避難訓練などが組込まれている。しかし、災害が多様・多発化する今日、火災だけでなく地震、水害、津波、台風、竜巻などを想定し、防災訓練五か年計画などを建てて実践的準備して多様な訓練が必要である。とはいっても、それぞれの災害を特定して訓練するよりも大規模地震発生を想定した訓練をすれば、他の災害によって惹起される結果事象にも対応できる。つまり、大規模地震対策訓練であれば、大揺れ、建物損壊、火災、ガス漏れ、ガス爆発、津波、洪水、道路・橋梁等の崩壊途絶、公共交通機関の不通、電気・電話・水道・ガスなどのインフラ途絶など、地震で起きる様々な結果事象は他の災害時にも共通している。防災訓練は直接的な脅威に備えた命を守る訓練が大切だが、災害後の事象に備えた訓練も大切である。大規模地震対策訓練は他の訓練内容も包括することができるので単なる消防訓練でなく大規模地震を想定した訓練を推奨する。

こうした訓練企画は総務や防災・危機管理担当部門が主体となって行われる。中には形式的ではあるが防災訓練実行委員会を組織し実施要領等に基づいて訓練内容を規定することもある。しかし、これはできれば各部署代表者が企画に参画できるようにするべきと思う。なぜならば、大規模災害発生時は防災担当だけのマターではなく、総力戦であるからである。

そうした自治体や企業の防災訓練時に客観的な評価員を選任し、各フロアに配置するなどして第三者の目で訓練を評価するべきである。自分たちで企画し、自分たちで「よくできました」という訓練を重ねている限り、前年訓練の課題や反省点を次年度に生かすことができない。評価員を配置する場合、評価員の主観によって評価点が大きく変動する可能性があるので、情報収集体制や手段等も含め、予め評価項目と評価基準を標準化し同じ基準で評価票に記入して提出してもらうことが肝要である。

第四章

自治体の
スマート防災

1 自治体の防災格差

(1) 大統領レベルの権限を持つ自治体首長

市町村長は、市区町村を代表する独任制執行機関であって、規模は異なるものの大統領権限に匹敵するといわれるほどの権限を持っている。法的にも地方公務員法の規制を受けない特別職地方公務員でもある。それは誰かに任命された地位ではなく、憲法93条の定めにより住民によって選任されたからに他ならない。職務権限としては市町村の組織を統括・代表し、事務を管理・執行する。具体的には市町村の予算を調整・執行し、条例制定・改廃の提案はもとより議案提出ができる。つまり、市町村の事務のうち、他の機関が処理すると定められているものを除いたすべてを担当するのである。これほど絶大な権限は企業の代表取締役でさえ持っていない。

企業の代表取締役は企業を代表し総括するものの、取締役会、株主総会で首になることがあるが、市町村長は選挙で落選するかリコールを受けない限り首になることはない。そのリコールも成立させるにはかなりハードルが高い。選挙権のあるもの（有権者）の3分の1以上、有権者が40万人を超えるときは、40万人の3分の1と40万人を超える数の6分の1を合計した数以上、80万人を超えるときは、40万人の3分の1と40万人の6分の1と80万人を超える数の8分の1を合計した数以上の署名を集めて選挙管理委員会に請求しなければならない。これはかなりハードルが高く、よほど有権者の怒りを買わない限りリコールは成立しない。それでも署名が有効であると選挙管理委員会が判断した場合、請求から60日以内にその選挙区において住民投票が行われ、有効投票の過半数が賛成すればその首長は失職しリコールは成立する。もちろん過去には何人かの首長がリコールされているが、一方では住民投票を実施したにもかかわらず過半数が得られずリコール失敗例も多々ある。それほどに市町村長を解職するには膨大なエネルギーを要しハードルは極めて高いと言える。裏を返せば、首長が望めばある程度の施策を進めることは決して難しくはないということである。

危機意識が高い市町村長が選任されれば、その市町村の安全・安心まちづくりは充実していく。また、発災時はリーダシップを発揮し市民の信頼を勝ち取ることになる。例えば、災害時における自衛隊の災害派遣は、都道府県知事からの要請により行うことを原則としている。これは、都道府県知事が、区域内の災害の状況を全般的に掌握し、消防、警察といった都道府県や市町村の災害救助能力などを考慮した上で、自衛隊の派遣の要否、活動内容などを判断するとされているからである。一方で市町村長は、都道府県知事に対し、災害派遣の要請をするよう求めることができる。都道府県知事への要求ができない場合には、その旨および災害の状況を防衛大臣またはその指定する者に通知することができる。

市町村長から通知を受けた防衛大臣またはその指定する者は、災害の状況に照らし特に緊急を要し、要請を待つ余裕がないと認められるときは、部隊などを派遣することができる。つまり、都道府県知事に要請するが連絡が取れない場合などは、防衛大臣に直接派遣要請ができるのである。都道府県知事は市町村長から要請を受けた場合、原則として握りつぶすことはできない。市町村長が都道府県に派遣要請した時間、都道府県知事が実際に要請した時間なども詳らかにされることはわかっているからである。もし、それによって災害派遣が遅れ被害が増大した場合は、社会の指弾を受ける可能性が高いからである。市町村長の危機管理に係る洞察力による初動対応は住民の安全にとって極めて重大である。そして、発災時は、災害対策基本法、地域防災計画に基づき、災害対策本部長として応急対応、被災者対応、復旧・復興対応の指揮を執ることになる。それは災害発生時だけでなく、事前の防災対策についても災害対策基本法第五条に市町村の責務として次のように定められている。

（市町村の責務）
第五条　市町村は、基本理念にのっとり、基礎的な地方公共団体として、当該市町村の地域並びに当該市町村の住民の生命、身体及び財産を災害から保護するため、関係機関及び他の地方公共団体の協力を得て、当該市町村の地域に係る防災に関する計画を作成し、及び法令に基づきこれを実施する責務を有する。
2　市町村長は、前項の責務を遂行するため、消防機関、水防団その他の組織の整備並びに当該市町村の区域内の公共的団体その他の防災に関する組織及び自主防災組織の充実を図るほか、住民の自発的な防災活動の促進を図り、市町村の有する全ての機能を十分に発揮するように努めなければならない。
3　消防機関、水防団その他市町村の機関は、その所掌事務を遂行するにあたっては、第一項に規定する市町村の責務が十分に果たされることとなるように、相互に協力しなければならない。

さらに、市町村災害対策本部についても

（市町村災害対策本部）
第二十三条の二　市町村の地域について災害が発生し、又は災害が発生するおそれがある場合において、防災の推進を図るため必要があると認めるときは、市町村長は、市町村地域防災計画の定めるところにより、市町村災害対策本部を設置することができる。
2　市町村災害対策本部の長は、市町村災害対策本部長とし、市町村長をもつて充てる。
3　市町村災害対策本部に、市町村災害対策副本部長、市町村災害対策本部員その他の職員を置き、当該市町村の職員又は当該市町村の区域を管轄する消防長若しくはその指名する消防吏員のうちから、当該市町村の市町村長が任命する。
4　市町村災害対策本部は、市町村地域防災計画の定めるところにより、次に掲げる事務を行う。この場合において、市町村災害対策本部は、必要に応じ、関係指定地方行政機関、関係地方公共団体、関係指定公共機関及び関係指定地方公共機関との連携の確保に努めなければならない。
一　当該市町村の地域に係る災害に関する情報を収集すること。
二　当該市町村の地域に係る災害予防及び災害応急対策を的確かつ迅速に実施するための方針を作成し、並びに当該方針に沿って災害予防及び災害応急対策を実施すること。
5　市町村長は、市町村地域防災計画の定めるところにより、市町村災害対策本部に、災害地にあって当該市町村災害対策本部の事務の一部を行う組織として、市町村現地災害対策本部を置くことができる。
6　市町村災害対策本部長は、当該市町村の教育委員会に対し、当該市町村の地域に係る災害予防又は災害応急対策を実施するため必要な限度において、必要な指示をすることができる。
7　前条第七項の規定は、市町村災害対策本部長について準用する。この場合において、同項中「当該都道府県の」とあるのは、「当該市町村の」と読み替えるものとする。
8　前各項に規定するもののほか、市町村災害対策本部に関し必要な事項は、市町村の条例で定める。

と、なっている。つまり、災害予防対策や非常対応等のすべてが市町村長次第ということになっている。

(2)　鬼怒川決壊想定演習

関東・東北豪雨災害（２０１５年）で、鬼怒川決壊して甚大被害を出した常総市。災害後、避難勧告等の遅れや、非常電源水没で災害対策本部が発災直後機能しなかった点などで批判を受けた。しかし、常総市は洪水などの災害時おける災害対策本部の立ち上げなどについての演習を２０１１年2月3日に実施していた。東日本大震災時には1か月前に実施していた演習で全本部員（市役所・消防の幹部）が災害対策本部の立ち上げを実際に経験できたことが、迅速対応につながったと反省会などで演習の成果を自ら評価していた。では実際にどのような形で演習が行われたのか、概要については国土交通省関東地方整備局・下館河川事務所の発表資料などを元に確認してみる。

①　鬼怒川洪水危機管理演習（図上訓練）概要

○日時／２０１１年2月3日㈭9時〜13時20分まで（第1部）、14時〜16時まで（第2部）

○場所／演習会場・下館河川事務所・防災対策室、第2会議室、第3会議室
　演習会場・常総市役所庁議室（2階）

○常総市民／自宅〜水海道第一高等学校（避難所）国土交通省下館河川事務所、常総市

○演習の目的

・鬼怒川における大規模な洪水災害を想定した危機管理演習を行い、各自・各組織の危機管理対処能力の向上を図る。

・「人命第一」を目標に、迅速・的確な住民避難が可能となるよう、常総市と下館河川事務所との連携強化を図る。

・住民の危機管理意識の向上、洪水に関する情報の周知等を図る。

②　演習の特徴

・あらかじめシナリオを公開し、事前に対処行動を考える。

・演習時には、各関係機関や対策班等が考慮した対処行動について、図上訓練として実施。
・一般市民の避難訓練も連携して実施。
・訓練終了後、参加者による検討会を実施。

③　**演習の想定**
・1966年9月の出水をやや上回る規模の洪水災害を想定。〔台風災害〕
・鬼怒川左岸11㎞（常総市本町）にて決壊。小貝川までの間の地域が浸水。
・上記以外の箇所に、堤防被害5箇所、内水被害1箇所を想定

つまり、下館河川事務所と常総市が鬼怒川の決壊など大規模洪水を想定し、それぞれが災害対策本部を設置し、ホットライン重要情報の交換、担当部署同士の情報伝達や共有を図る図上演習であった。

■常総市としての演習項目
○被害情報等の収集・整理・伝達・共有
○河川管理者との情報交換
○避難勧告等の発令判断・周知
○避難所の開設指示
○災害時要援護者への対応指示
○避難状況の確認 等演習では、参加者個々の危機管理対処能力の向上を図り、「人命第一」を目標に迅速・的確な住民避難が可能となるよう、河川管理者から発信する情報についてわかりやすい情報提供を心がけて実

施した。

■関東整備局下館河川事務所の演習項目

【第一部】

○被害情報等の収集・整理・伝達・共有

○自治体への情報提供（ホットライン含む）

○重大災害に関する先行的被害予測・対応指示

○迅速・的確な災害対応（内水排除・堤防被害への対応）

○広報

【第二部】

○氾濫水の排除検討・実行指示

○決壊箇所の復旧工法の検討・申請

○復旧工の地元調整、工事着手指示

○広報（模擬記者会見）

常総市は、茨城県の南西部に位置し、市のほぼ中心を鬼怒川が流れ、東のつくば市、つくばみらい市との境を小貝川が流れている。２００６年に水海道《みつかいどう》市と石下町が合併してできた市で、西部の丘陵地には工業団地、東部の低地部には水田地帯が広がっている。また、１９８６年台風第10号の出水時に旧石下町の豊田地先では漏水などによる小貝川の堤防決壊を経験している。

２０１１年に実施された具体的な演習内容を下館河川事務所・調査課のレポートから抜粋し紹介する。

―鬼怒川において、1966年9月の出水を上回る規模の洪水が発生し、常総市内で鬼怒川の破堤による重大な被害および内水被害が発生するという想定で実施した。演習の参加者は、下館河川事務所（鬼怒川系4出張所含む）、常総市役所および常総市民で、光回線を利用し、下館河川事務所および常総市役所での演習実施状況を互いに映像で確認しながら実施した。演習では、災害発生時に行政機関における防災業務の判断・指示・実行が迅速かつ適切に対応できるように、シナリオに合わせ演習者が行動する方式を原則とし、必要に応じて状況付与方式も加えることが可能なセミ・ロールプレーイング（ミッション付与型）方式を採用した。演習中の事務所内各班、常総市対策本部内の各人員の行動を観察する評価班を設け、課題や改善点の抽出を行った。演習終了後には事務所内反省会および常総市と合同で反省会を実施し、双方において各種の情報連絡等の連携における課題について意見交換を行った。また、本演習では常総市民の防災意識の向上を図るため、演習での避難勧告の発令に合わせた住民参加の避難訓練も実施した。避難訓練ではアンケートを実施し、市民の洪水に対する避難訓練の必要性や防災意識に関する調査を行った。―

そして、前述のレポートには各機関の反省会の報告もあった。自治体や企業の図上演習などに参考になると思うので抜粋し引用紹介する。

―各機関での反省会／演習後の反省会では様々な課題・改善策が挙げられた。代表的な意見は下記の通りである（評価班からの意見も含む）。

■下館河川事務所（反省点）

○自分の班だけでなく、各班の仕事分担を再確認し、横の連携を図る。
○被災情報、避難勧告発令範囲等の重要な情報は、視覚的に捉えられるように大判の図面に記載・張り出しを行い、支部内で情報の共有を行う。
○支部長からの指示やホットラインの内容等をきちんと記録に留め、重要な情報に対してチェックする体制を整える。
○H・W・Lで排水ポンプを停止する際のルールの再確認が必要、また停止に当たっては避難勧告とリンクさせる必要があり、関連市町村への情報提供が必要となる。
○FAXの確認は受信した側から電話をかけること、送信後10分以内に受信確認がない場合は、送信者が連絡することを徹底させる。
○情報種別ごとの情報の流れ図、書類整理箱を用意し、スピーディに情報の処理、整理を行うことが必要。
■常総市役所（反省点）
○事前に内容がわかっていた訓練ではあったが、洪水時の現象やその対応等について、一通り体験できたことは大変有意義であった。全本部員（市役所・消防の幹部）が経験できたことも良かった。普段から訓練等を通じての備えは極めて重要。
○洪水対策時の市役所機能の確保・維持対策が考えられていない。また、災対本部の設置場所（市役所）も浸水想定区域内の地域であり災対計画の見直しが必要。
○図面、ホワイトボードで情報を整理・掲示し、本部内の情報の共有を図る。
○1市1町の合併により、現場の状況を詳細に把握する努力が必要である。
■下館河川事務所と常総市との合同反省会

○出水時の河川巡視においては、現場で、水防団と出張所の巡視員がもっと情報交換を密にし、情報の共有を行う必要がある。
○避難勧告を市民に伝達する際に、旧水海道市地区については、防災無線がないため、広報車に頼らざるを得ない現状である。広報車では、十分に情報が行き渡らない可能性があるため、防災無線の整備を進めたい。
○被災箇所を説明する際には、お互いに同じ図面を持ち、情報共有することで、交換する情報への理解が深まる。避難勧告などの面として広がる情報については図を添付することが重要である。市内の字図（大判図、手元版）を作成しておくと、市における情報整理は勿論のこと、他機関への情報伝達にも役立つ。
○市としては国交省職員がリエゾンとして来た際には、情報窓口としてだけでなく、専門家としてのアドバイス等を期待する。経験豊富な職員を派遣してもらいたい。
■常総市民のアンケート結果
○洪水時の避難所は知っているが、ハザードマップについては知らないという人が多かった。常総市のハザードマップは２００９年４月に整備されてから2年ほどたつが、ハザードマップの認知度が低く、あまり活用されていないことが伺える。今後はハザードマップを活用した講習会や防災訓練を実施し、市民の防災意識を向上することが重要な課題である。―

この「鬼怒川洪水危機管理演習」（２０１1年2月3日実施）は、鬼怒川の河川管理者である下館河川事務所（４出張所を含む）主導で実施されたものであるが実に当を得た演習であった。この常総市付近では小貝川の氾濫が起きていたが、演習想定は鬼怒川洪水に焦点を当てている。その４年半後には図上演習で想定したとおりの関東・東北豪雨災害（２０１５年９月）が発生する。もし、このときの演習が活かされていれば、被害の軽減につながった可能性がある。この演習で特に評価されるのは「評価班」を置いている点であり、反省会に同席して課題等が抽出されたことである。

最近こうした評価班の設置が多くみられるようになったが、図上演習や実務演習には評価員が必須である。ただし、前述の演習における評価員の所属等は不明だが、評価員を身内から選ぶのはいかがなものかと思う。自分たちで企画し実施したものを、自分たちで評価するとお手盛りのようになってしまう危険性がある。演習目的は緊急体制の立ち上げ手順の習得、練磨と併せ関係機関との連携確認である。しかし、それだけではない。最大の目的は、現状計画やマニュアルの問題点、課題抽出とその課題を解決することにある。できるだけ利害関係のない外部の客観的視点での評価が期待できる評価員を選任すべきである。では、関東・東北豪雨災害時、この4年半前の演習は役に立ったのかを検証する。

(3) 図上演習は活かされたのか？

前述の演習では、後から考えると疑問に思われる点もある。例えば、このときの演習には常総市長をはじめ常総市は各部長、安全安心課職員が参加していた。そして、次のような演習を実施したとされる。

・状況の把握（ホットライン含む）　・内水、堤防被害への対応（ポンプ車派遣要請含む）
・市役所体制変更　・避難準備情報・避難勧告
・避難指示の発令・伝達　・避難所の開設

この中で注目されるのは避難勧告等の発令である。自治体における危機管理で極めて重要なのは住民の身体生命の安全確保である。そのためには適切な早期避難情報の発令・伝達演習は欠かせない。いわば状況把握、避難勧告等の発令は演習の中で常総市にとっても一番のハイライトのはずである。避難勧告等の発令と伝達については、どこの市町村でも独自の発令基準マニュアルに基づいて発令される。しかし、関東・東北豪雨災害の後、常総市の防災担当者は「避難勧告等の発令・伝達マニュアルが策定されていなかった。翌年までに完成する予定だった」と述べたという。ということは災害の4年半前に市長など市の幹部や防災担当職員が参加した演習で行った避難勧告等の発令演習は、何を基準に実施されたのかが不明である。もし、客観的評価員がいたとしたら、演習の肝である避難勧告発令基準について、その内容や課題も俎上に載せられ吟味されたはずである。実際には策定されていなかったマニュアルでどうやって発令したのだろうか。しかし、反省会ではそのことに全く触れられていない。

反省点の一部には演習の本質に迫るものもあった。「洪水対策時の市役所機能の確保、維持対策が考えられていない。また、災対本部の設置場所（市役所）も浸水想定区域内の地域であり災対計画の見直しが必要」と、常総市自身が反省点として挙げている。この反省点で危惧された問題が、実際に4年半後の水害で懸念通り表面化する。災害対策本部を設置した常総市役所1階が浸水孤立状態になってしまう。それだけでなく、庁舎裏側敷地内に設置されていた非常電源が水没し、対策本部機能が維持できなくなってしまうのである。自ら指摘していた通りのことが起きてしまうが、反省点で挙げられていたように「災対計画の見直しが必要」だった。また、市民アンケートで「ハザードマップの認知度が低く、あまり活用されていない」ことを反省し「市民の防災意識を向上させることが重要な課題である」とも指摘している。この反省通りに地域防災計画の見直しが図られ、市民の防災意識を向上させていれば……と、結果論だが痛切に思う。では演習の4年半後に発生した関東・東北豪雨災害発災時、下館河川事務所と常総市の情報伝達と避難情報について確認する。

■２０１５年９月10日12時50分鬼怒川決壊前後の動き（下館河川事務所「出水時における下館河川事務所から常総市への情報提供について」より）

◆河川事務所から常総市への情報提供の推移

・９日21時20分／水防警報（待機）「水防機関は待機してください。」
22時30分／水防警報（出動）「水防機関は出動してください。」

22時54分／ホットライン「若宮戸で越水の可能性が高い。避難勧告、避難所の準備をしてください。」

22時00分／はん濫警戒情報「川島地点では、氾濫危険水位に達する見込みです。」

・10日０時15分／はん濫危険情報「川島地点では、氾濫危険水位に到達しました。氾濫の恐れがあります。」
１時23分／ホットライン「水位上昇中。避難勧告を行ってください。」
２時06分／ホットライン「水位上昇中。避難指示を出してください。」
※若宮戸地点から氾濫した場合の浸水想定区域図を送付
４時48分／ホットライン「万が一の場合、浸水想定区域図を活用してください。」
５時58分／ホットライン「若宮戸地点で越水が始まります。」
６時30分／はん濫発生情報「常総市若宮戸（左岸25・35ｋ）付近より越水しました。」
７時11分／ホットライン「下流部の危険箇所からの越水も予想されます。」
８時00分／はん濫発生情報「筑西市船玉（左岸44・１ｋ）付近、伊佐山（左岸45・９ｋ）付近、常総市若宮戸（左岸25・35ｋ）付近より越水しました。」
11時42分／ホットライン「21ｋ付近で越水。避難してください。」

13時20分／はん濫発生情報「常総市新石下※（左岸21k）付近より氾濫しました。」※11日に三坂町に訂正。

・11日6時40分／はん濫発生情報「常総市新石下※（左岸21k）付近より氾濫しています。」※11日に三坂町に訂正。

■常総市の避難勧告等の主な動き

・9日16時38分／常総市内に【大雨洪水警報】

・10日0時20分／栃木県に【大雨特別警報】発表

2時20分／常総市［玉地区など］に【避難指示】

7時45分／気象庁、茨城県に【大雨特別警報】発表

9時25分／常総市［向石下、篠山］に【避難指示】発令

9時50分／常総市［国道354号線南側の水海道元町、亀岡町など］に【避難指示】発令

10時30分／常総市、三坂町［中三坂 上地区］［中三坂 下地区］に【避難指示】発令（三坂町8自治区のうち6自治区には避難指示出されず）

11時42分～12時50分／【鬼怒川の越水～堤防決壊】

13時08分／決壊し洪水となった［上三坂地区］を含む［鬼怒川の東側の常総市全域］に避難指示発令。

国土交通省・関東地方整備局下館河川事務所からの情報は、決壊前日の9日22時過ぎからかなり早い段階で避難勧告、避難指示の準備、避難所の開設のアドバイスが頻繁に出されていた。その多くがホットラインで直接常総市に伝えられていた。にもかかわらず、常総市の動きは極めて緩慢に見える。２０１１

年に実施された「鬼怒川洪水危機管理演習」に参加した当時の常総市長は長谷川典子氏であったが、2012年7月の選挙で市の財政再建を掲げた新人の前市議高杉徹氏に僅差で敗れ8月に辞任。その3年後に鬼怒川が決壊した。前任市長時代に実施された前述の演習における課題等は後任の高杉市長に引き継がれていたのだろうか。

この水害で常総市ではFさん（51）とTさん（71）が犠牲になった。Tさんが発見された常総市三坂町の一部には、鬼怒川の堤防決壊前に避難指示が出されていなかった。高杉市長は9月13日の記者会見で「決壊は想定していなかった。われわれの予測では十分な対応ができなかった。大変申し訳なかった」と謝罪したが、4年半前に鬼怒川洪水の演習が行われており、課題も抽出されていた。高杉市長の発言から洞察すると、その演習後の反省点や課題を高杉市長はご存じなかったように思われる。防災は「人」である。特に市町村の危機管理は「リーダー」次第である。全国の市町村長もこれを対岸の火事とせず、過去に実施されてきた演習や訓練を今一度振り返ってほしいと思う。ただ、関東・東北豪雨災害で不幸中の幸いだったのは、昼間の決壊・氾濫であったことである。そのため、自衛隊、海上保安庁、警察、消防などの空と陸との救助隊によって多くの人たち（約4500人）が救助された。常総市でもこれほど大規模な洪水であったにもかかわらず、犠牲者は2人にとどまった。もし、これが夜間や未明の洪水であれば、犠牲者はさらに多かったものと推定されている。

(4) 避難勧告が発令されても避難しない人たち

関東・東北豪雨災害後、避難勧告・避難指示が適切に出されなかったという批判が常総市長に向けられた。記者たちは「特別警報が出され、河川管理者から危険水位に達したという情報が入っていたにもかかわらず、なぜ避難指示を出さなかったのか」「洪水ハザードマップ通りの浸水なのに、浸水指定区域に避難勧告を出さなかった理由は？」などの当然すぎる質問に市長はまともに答えられなかった。決壊から4日後の記者会見でも「(堤防が壊れる)『決壊』は想定していなかった。(洪水が起きても水が溢れるだけの)『越水』の想定だった」と語っていたが、避難勧告の遅れについてはしどろもどろで立ち往生してしまった。その後、市の防災担当が「避難勧告等の発令・伝達マニュアルが策定されていなかった」と発表したが、もし適切に避難勧告が発令されたとして、市民は避難勧告通りにみんな避難したであろうか。いや、ほとんどの人たちは避難しなかったのではなかろうか。

常総市は２００９年に洪水ハザードマップを作成し、全世帯に配布している。市のホームページ上にも開示されていて、いつでも見ることができるようになっていた。ハザードマップが配布された2年後、鬼怒川洪水危機管理演習に参加した住民アンケートによると、「常総市の洪水ハザードマップを知っているか？」の設問に、「知っている」と答えた人は20％だけであった。全戸配布し、市報でも繰り返し広報していたにもかかわらず、８割の住民が知らないと答えた。きっと市の職員たちはがっかりしたのではなかろうか。演習に参加した人たちは、比較的防災意識の高い人たちであろう。全体のアンケートを取ったとしたら、もっと悲惨な結果になったかもしれない。つまり、ひとことで言えば住民の洪水に対する危機意識が低いのである。こうした地域で水害に対する避難勧告が迅速かつ適切に発令されたとしても、ほとんどの住民は避難しなかったのではないかと推測される。避難勧告の遅れも問題ではあるが、それだけを批判するのもいかがなものかと思う。それより、住民の危機意識の低さと災害対策本部が機能しなかったことの方が大きな課題である。

⑸　非常電源水没

鬼怒川が氾濫した場合、庁舎周辺は1～2m程度浸水すると想定されていた。しかし、2013年11月に市役所本庁舎（3階建て）を新築した際も、2011年2月の演習反省点は活かされず非常用電源設備を上層階に置くなどの対策はとられなかった。常総市役所が新築された2013年は東日本大震災から2年後で、福島第一原子力発電所事故が検証されていてディーゼル発電機の浸水などよる全電源喪失が主な要因とされていた。常総市のホームページには新庁舎建設にあたっての基本理念および基本方針が掲載されていた。

○基本理念：市民が集う親しみがある庁舎
○基本方針
・すべての人にやさしい施設「ユニバーサルデザインへの配慮」
・市民に親しまれる開かれた施設「市民ホールの設置」
・環境にやさしい施設「太陽光発電設備の設置」
・安全性の高い施設「防災拠点としての高い耐震」
・将来に対応できる施設「昨日変更に対応できるワンルーム形態」

常総市の庁舎旧館（1959年建築・RC3階建て・延べ2210㎡）は、築50年を超え老朽化していた。東日本大震災発生時震度6弱の揺れだったが旧館は天井落下、壁などに亀裂が入るなど大きな被害を受け、応急危険度判定で「危険」と判定され、使用禁止となった。そのため農政課、総務課、安心・安全課などの11の課が新館や敷地内のプレハブに移転し、業務にあたることになっていた。その直後に立ち上げられた「庁舎建設検討会」は、市役所の執行部や市議などをメンバーとして設計事務所の支援のもと、会議を重ねている。

震災直後ということもあって、災害に強い安全な庁舎づくりが至上命題でもあった。検討委員会は災害に強い安全庁舎づくりとして大規模地震に備えた「耐震性」で事足りると結論付け、基本方針でも「安全性の高い施設・防災拠点としての高い耐震」としたのである。鬼怒川は大昔から繰り返し洪水被害をもたらせていた川であることは誰でも知っていたはずである。戦後だけでも鬼怒川洪水は頻発している

・１９４７年（昭和22年）9月、カスリーン台風による豪雨で洪水
・１９４９年（昭和24年）8月、キティ台風による豪雨で洪水
・１９８２年（昭和57年）9月、秋雨前線活発化による豪雨で洪水
・２００２年（平成14年）7月、台風６号による豪雨で洪水

常総市及び市役所は鬼怒川と小貝川に挟まれた地域にあるが、戦後の小貝川水害を挙げてみると

・１９５０年（昭和25年）8月、洪水
・１９５８年（昭和33年）9月、洪水
・１９６６年（昭和41年）6月、洪水
・１９８１年（昭和56年）8月、洪水
・１９８６年（昭和61年）8月、洪水
・２００７年（平成20年）10月、洪水

つまり、常総市は繰り返し洪水を引き起こす2つの川に挟まれた氾濫低地に位置していて、地震、液状化だけでなく越水、破堤による洪水が繰り返されていた地域であった。そのため自ら洪水ハザードマップを作成せざるを得ないほど、市民も職員も洪水への意識が強かったと思われる。であれば、耐震対策と併せ水害にも強い新庁舎とすべきではなかったのか。水害対策という視点から設計すれば、防災拠点に欠かせない非

常電源の設置場所にも配慮できたはずである。

鬼怒川決壊後の翌日未明、ついに市役所でも浸水が始まる。停電になったため午前2時ごろに非常用発電機を作動させた。最初は動いた。この発電設備は市役所機能を約21時間以上維持できるはずであった。だが、起動後2時間半後にディーゼル発電機本体が浸水し突然動かなくなり庁舎内は真っ暗になってしまう。発電設備は庁舎敷地内の地面から30㎝だけかさ上げして設置されていただけだったのだ。緊急対応に追われていた市役所の職員約400名、避難してきた市民約400名、自衛隊員・消防員・報道陣ら約200名の計約1000人が庁舎内にいた。防災拠点であるはずの新庁舎は、あえなくライフラインや通信機能を喪失し、市の災害対策本部ごと孤立してしまったのである。全電源喪失により、庁舎内の固定電話、パソコン、照明、コピー機、防災FAXなどが使えなくなり、災害対策本部は携帯電話に頼るしかなかった。市の担当者は「市役所の浸水は想定外だった」と振り返る。この地域では東日本大震災後に流域市町村などと図上演習が行われ、その報告の中で常総市の災害対策本部となる市役所が洪水ハザードマップで浸水区域となっていることが課題とされていた。防災担当の現場からも、新庁舎検討委員会が作成した新庁舎建設設計案をみて非常電源設備の位置に問題があると指摘する声があったが、黙殺された。

これは常総市に限らない、住民が選挙で選んだ市町村長であるから、4年間はその市町村の最高権力者である。最高権力者が顔を向ける方向に、職員の関心や意識も向くのは当然である。首長の姿勢や動向が住民の安全を直接左右するということを、市町村長はもう一度自省すべきではなかろうか。

⑹　危機感のないハザードマップ

関東・東北豪雨災害発生前、国土交通省は鬼怒川下流への水量を減らすべく、必死の努力をしていた。鬼怒川上流には栃木県の五十里《いかり》ダムを始め、川俣ダム、川治ダム、湯西川ダムと4つのダムがある。この上流4ダムの有効容量（満水容量）合計は2億5310万㎥である。河川管理者の話によると、この4ダムで鬼怒川を流れる水の約3割は管理できるという。

9月7日に発生した台風18号は、9日に東海地方に上陸した後、日本海で温帯低気圧になった。この台風による直接的被害はさほど大きなものではなかったが、日本海を北東に進む温帯低気圧に吸い寄せられるように、太平洋洋上から湿った暖かい空気が大量に流れ込んだ。さらに日本の東の海上には台風17号が接近していた。両台風の湿った風が関東地方北部から東北地方南部に線上降水帯を発生させ、鬼怒川上流域に激しい大雨を繰り返し降らせた。24時間雨量が300㎜以上の豪雨であった。

鬼怒川上流に降り続く異常なまでの集中豪雨に危機感を募らせた国土交通省は、上流4ダムを満杯にする作業を行った。これにより鬼怒川の水位を約26㎝低下させたという。しかし、問題は鬼怒川流域の地形にあった。鬼怒川の上流部は扇状に広がり、広がった山間地から幾筋もの川が扇の要（鬼怒川）に向かって流入し鬼怒川一本に合流している。上流のおびただしい中小河川がまとまって鬼怒川として流下する。そして下流域ほど川幅は狭くなっていく。この流域の地形でも通常の降水量であれば、上流ダムで調整も可能であったかもしれない。しかし、関東南部の鬼怒川上流域は広い範囲で降り始めから600㎜を超えるような記録的降雨となっていた。

しかし、そのころ常総市にも雨は降ってはいたが上流域ほどではなく、9日、10日ともに1日あたり40㎜を超えることはなく、市民に聞くと「常総市の雨はそれほど強くなかった」という。常総市に降る雨が弱かったにもかかわらず、鬼怒川の水位は急速に上昇していった。日付が変わった10日になると、付近の水位は10分ごとに約20㎝という驚異的ペースで上昇していく。10日深夜2時6分、常総市長に国土交通省の下館河川事務所から電話（ホットライン）が入る。鬼怒川は国が管理する一級河川で、国土交通省は緊急性の高い情報についてはＦＡＸで水位や予想情報を送るだけでなく、電話を使ったホットラインで直接情報を伝える仕組みになっていて、４年半前の下館河川事務所と常総市の図上演習でも実証済みであった。この1時間前から常総市には河川事務所からのホットラインが入っていた。

０時15分　鬼怒川はん濫危険情報「川島地点では、氾濫危険水位に到達しました。氾濫のおそれがあります。」

１時23分「水位上昇中。避難勧告を行ってください。」

２時６分「鬼怒川水位上昇中。避難指示を出してください。」

ホットラインの電話情報と前後して、河川事務所から「若宮戸地点から氾濫した場合の浸水想定区域図」が常総市にＦＡＸされてきた。それを受けて常総市は2時20分、若宮戸周辺に避難指示を発令し、４時にはＦＡＸされてきた浸水予測図を基に若宮戸からの洪水被害のおそれがある地域に避難勧告を発令した。しかし、住民のほとんどは避難しなかった。ヘリで救助された70代の男性は「朝４時頃、防災無線で『避難勧告が出されたので避難してください』という放送が繰り返されたが、外を見たらそれほどの大雨ではなかったので、そのまま寝てしまった」と言っていた。さらに気象庁は7時45分、茨城県のほぼ全域に大雨特別警報を発表しているが、常総市の指定避難所に避難した人はごく少数であった。

そして、鬼怒川左岸決壊想定の常総市洪水ハザードマップの想定通りに左岸が決壊し広い範囲が浸水し、約４５００人がヘリコプターや地上の救助隊によって救助されることになる。避難指示や避難勧告が適切に発令されなかった地域もあるが、避難指示が出された地域でも多くの人が避難せず救助隊に助けられたのである。

(7) 流域洪水ハザードマップが必要

本来は洪水に対する我が家、我が地域の危険度を確認し、洪水に対する危機意識啓発、早期避難のための洪水ハザードマップだったが、その機能が十分果たされていない。これはどこの地域、どこの自治体にも言えることだが、自治体はその自治体エリア、その地域だけのハザードマップしか作っていない。対象河川はどこから流れて来るのか、上流でどの川が合流するのか、その河川に流れ込む雨がどの位どの地域に降ると危険なのかがまったく見えないハザードマップである。なぜ、流域洪水ハザードマップとしないのか？　自分たちの市域だけのマップだと、鬼怒川上流に大雨が降っていても常総市の雨が弱ければ、洪水の実感というか切迫感が湧かないのは当然かもしれない。上流に大雨が降れば下流が危ないと考えるのは難しいことではないが、常総市だけのハザードマップや危険箇所が提示されても、自宅がどの流域のどこに位置し、どの流域に雨が降ると危険かがわかるような「流域・広域洪水ハザードマップ」でなければ、住民の危機意識を高めることはできない。

鬼怒川の場合、日光国立公園内にある栃木県日光市の鬼怒沼（奥鬼怒）に源を発し、湯西川、男鹿川、大谷川を合わせ、塩谷町南端、さくら市と宇都宮市の境界部、高根沢町と宇都宮市の境界部、宇都宮市東部、上三川町東部、上三川町と真岡市の境界部、真岡市西部、下野市東南端、真岡市と小山市の境界部を流れ田川と合流し、茨城県との県境を成して茨城県筑西市に入り、筑西市と結城市の境界部、結城郡八千代町と下妻市の境界部、下妻市南西部、常総市、常総市とつくばみらい市の境界部、守谷市を流れ、茨城県と千葉県の境界部に達し、茨城県守谷市と千葉県柏市、同野田市の境界部で利根川と合流する。水源の標高２０４０ｍから全長１７６・７㎞にわたる広い流域にまたがる河川である。その分リスクの高い河川ともいえる。それなのに常総市だけを切り取ったハザードマップでは洪水に対する危機意識が生まれない。そして、上流域の大雨に注意を促し住民が正しく恐れることができる流域住民意識啓発ハザードマップが不可欠である。

国土交通省によると「鬼怒川は、長期的な方針を定める河川整備基本方針では、100年に1回程度の洪水を安全に流下させることを整備の目標としているが、現在は概ね30年に1回程度の洪水を安全に流下させることを目標に、整備を進めているところで、堤防整備もこの一環」という（2015年10月1日・国土交通省 関東地方整備局河川部・下館河川事務所）。しかし、記録的な大雨や、過去にない線状降水帯豪雨など、昨今の気象状況は30年に1回程度の洪水対策では追い付かない。特に上流より下流が狭まる河川などの治水計画は過去の数字だけでなく、予見対応型の整備計画が望まれている。

⑻ 災害（危機管理）は、休日・夜間の区別なし

「災害（危機管理）は、休日・夜間の区別なし」という言葉がある。逆にいうと休日や夜間こそ手薄になるので危機管理を強化すべきという意味でもある。

東日本大震災は平日の昼間だったが、阪神・淡路大震災は早朝（5時46分）だったし、2014年広島土砂災害は深夜から未明にかけて発生している。2004年10月23日に発生した新潟県中越地震は土曜日だった。しかし、災害は休日、夜間、早朝だけに起こるものではない。平日、休日、昼間、夜間、早朝など、いつでもどこでも発生する。しかし、休日・夜間・早朝などに発生すると、即応体制が整っていない都道府県や市町村の初動対応が遅れる。そのため、自治体によっては防災・危機管理の担当職員を庁舎に近接する宿舎に住まわせ、閉庁時における初動対応の迅速化を図ろうとしている。危機管理宿舎とか危機管理対策職員宿舎などと呼ばれている。

例えば千代田区紀尾井町にある国の紀尾井町住宅。ここは内閣の危機管理監が指定する各省庁の危機管理

要員が住んでいる。職務上住むことが義務付けられた住宅である。災害などに備えてすぐに官邸に駆けつけられる場所につくられており、入居費は無料だが新しい危機管理要員が来たら出ていかなければならない。こうした危機管理宿舎が設置されるようになったのは、阪神・淡路大震災の教訓からである。阪神・淡路大震災が発生したのは1995年1月17日（火）午前5時46分。早朝ということもあって、初動対応の遅れなど多くの問題点が浮かび上がり、それを機に改善措置が取られてきた。阪神・淡路大震災後の検討会で指摘された主な問題点と改善策は次の通りである。

①　問題点1／初期情報を把握・連絡する体制が十分に機能しなかった。
■改善策
○24時間体制の内閣情報集約センターを設置
○総理等への速報体制を構築
○地震情報の迅速な発表・伝達体制の整備
②　問題点2／初期段階で被害状況の把握が不十分であった
■改善策
○地震被害推計システムDIS の整備（地震発生後10分以内に震度分布図被害規模（死傷者数及び建築物全壊棟数）を推計
○ヘリテレ画像システムの整備
③　問題点3／官邸に危機管理の体制が万全ではなかった
■改善策

○内閣危機管理監・危機管理専門チームの設置
○官邸危機管理センターの整備・24時間体制化
○緊急参集体制の構築・緊急参集チームの設置
○危機管理宿舎の整備

④　問題点4／自衛隊への災害派遣要請が一部迅速になされなかった

■改善策
○自衛隊の自主派遣の適確な運用
○市町村長による派遣要請の要求
○知事が派遣要請する場合の内容の簡略化

⑤　問題点5／実動機関の広域応援体制・連携体制が制度的に整っていなかった

■改善策
○広域緊急援助隊の設置
○緊急消防援助隊の設置
○警察・消防と自衛隊間の協力協定の締結
○災害派遣医療チーム（DMAT）の養成・体制整備
○各種図上訓練による連携体制の確立・強化

こうして危機管理宿舎が設置されることになるなど、日本の防災・危機管理体制が大幅に見直されたのである。そして、現在の発災時における政府の初動対応は図6の通りである。このフローチャートは国だけでなく自治体、企業などでも応用することができる。

緊急事態が発生した場合、関係省庁、民間・公共機関、マスコミ情報等を常時チェックしている内閣情報集約センター（24時間）に集約される。そして災害の第一報は一斉に内閣総理大臣、内閣官房長官、内閣官房副長官、内閣危機管理監、内閣官房副長官補（安全保障危機管理担当）、危機管理審議官と同時に官邸危機管理センター（24時間体制）に伝達される。と同時に、官邸危機管理センターから緊急参集チーム参集の指示が出される。この緊急参集チームが、地震防災情報システム（DIS）による被害規模の推定、ヘリコプター等から画像情報の活用、関係省庁、公共機関の第一次情報などから被災状況、対応状況等の情報収集・集約作業を行うのである。

収集・集約・伝達された情報から洞察判断して政府対策本部の設置を決めることになる。そのためには事態把握と初動対処の集約・調整、政府調査団の派遣（団長：防災担当大臣又は内閣副大臣）などを経て、非常災害対策本部（本部長：防災担当大臣、本部員：関係省庁局長級）か、緊急災害対策本部（本部長：内閣総理大臣、本部員：全閣僚）のどちらかの設置を決める。これまでに防災担当大臣が本部長となる非

図6　発災時における政府の初動対応

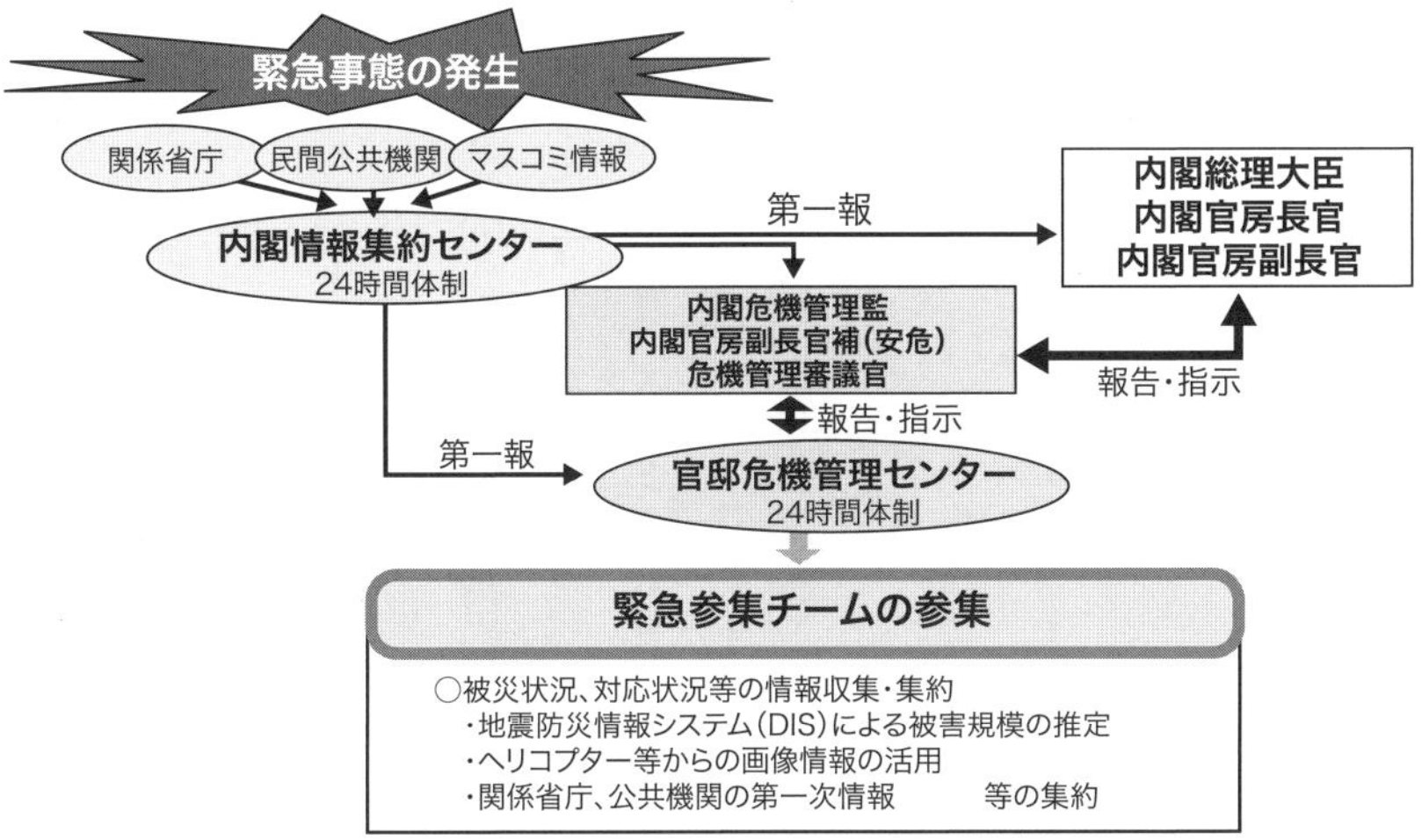

常災害対策本部が設置された災害は、新潟県中越沖地震（２００４年）や台風23号（２００４年）がある。内閣総理大臣が本部長となる緊急災害対策本部が設置されたのは東日本大震災である。

初動対応を迅速に行うには早い段階での事態の把握が必須となる。そのためにＤＩＳ（Disaster Information System・地震防災情報システム）が活躍する。

ＤＩＳは、気象庁の観測点（約４２００点）における震度情報をもとに震度４以上が観測された場合自動的に起動し、発生から概ね10分で震度分布、建築物の全壊棟数及び建築物の全壊に伴う死傷者を推計することができるシステムである。東日本大震災時にも発災直後から自動的に推計を開始して、推計結果により直ちに緊急対策本部設置の判断につながり、被害規模の把握に活用された。しかし、このシステムはあくまで地震の揺れ（震度）分布とそれから推計した建物等の全壊率を判断するものでしかなく、地震による津波被害の想定等は対象外であった。また、震度計は陸域に偏って設置されている。技術的、コスト的な問題もあり海域の震度計や津波センサーの設置は極めて手薄となっている。そのため後日、「東北地方太平洋沖地震を教訓とした地震・津波対策に関する専門調査会報告」などでは、被害推計システムの精度向上にむけた改善の必要性が指摘された。

2　情報トリアージチーム

(1)　災害時における情報収集

大規模地震だけでなく災害が発生すると、良くも悪くも情報がどっと押し寄せてくるか、あるいはまったく途絶えてしまう。災害現場をあまり経験したことのない人が、平常時に作成したマニュアルには「災害発生時、最優先すべきは情報収集」とか「情報は集約、検証後伝達する」などと書かれていたとする。では、停電、通信回線途絶、緊急参集も思うに任せない状態で、「いつ、誰が、どうやって、どんな情報を、どこの誰から収集するのか、どうやって検証し、どうやって伝達するのか」が書かれていない場合が多い。仮に書かれていたとしても、現実的には不可能な内容であったり抽象的であったりする。災害直後は情報を集めようとしても集められないというと「最悪はテレビやラジオ、場合によってはスマホでワンセグかラジオによって情報を取ればいい」とわかったようなことを言う。テレビ、スマホも使えないのが大災害被災地なのである。

住民に情報を発信しなければならない自治体に情報が入らない情報過疎も問題だが、一方で情報過多はさらに厄介である。大雨による洪水、土砂災害のおそれがあるときや、洪水や土砂災害発生前後には、被災地及周辺自治体にはとてつもない量の情報が津波のように押し寄せてくる。事象発生時刻が前後したり、同じ情報が違うルートから異なるタイトルや表現で重複したりするので、受信した自治体職員の錯綜に拍車をかけることになる。

(2)　九州北部豪雨災害にみる情報混乱

2012年7月12日、甚大被害をもたらせた九州北部豪雨（熊本広域大水害ともいう）は死者30人のうち阿蘇市だけで22人に上る。7月11日午後に朝鮮半島付近で停滞していた梅雨前線が、12日朝には対馬海峡まで南下する。梅雨前線の南側にあたる九州北部地方では、九州西方海上から暖かく湿った空気が流れ込み、大気の状態が非常に不安定となっていた。このため12日未明から昼前にかけて、熊本県熊本地方・阿蘇地方・芦北地方・球磨地方、大分県西部を中心に再び発達した雨雲が次々と流れ込んだ。熊本県では、12日未明から朝にかけて、積乱雲が風上（西側）で繰り返し発生する「バックビルディング現象」により、熊本地方、菊池地方、阿蘇地方を中心に記録的短時間大雨情報が繰り返し発表されるなど、雷を伴った猛烈な雨が降り続いた。特に阿蘇市乙姫地区では5時53分までの1時間に108㎜、5時00分までにまでの3時間に288・5㎜という、それぞれ観測史上一位の降雨記録となった。12日未明からわずか5時間の間に、平年梅雨期の約半分の雨が降るという記録的大雨となった。阿蘇市を中心に状況を追ってみる。

・7月11日16時05分/気象台=熊本県内全域に大雨洪水注意報発表
・7月12日0時30分/気象台=熊本県内全域に大雨洪水警報発表　阿蘇市=災害待機 開始23名
　0時32分、同41分/阿蘇市=ASO安心メール警報伝達
　1時08分/阿蘇市=お知らせ端末で放送・発信
　2時40分/気象台=阿蘇市、南阿蘇村ほかに土砂災害警戒情報発表
　　(阿蘇市=市内各地の住民から浸水等の情報が入り始める)
　2時55分/気象台=阿蘇市付近に記録的短時間大雨情報発表
　3時30分/阿蘇市=避難所開設判断（4時0分開設完了）
　4時00分/阿蘇市=避難勧告（内牧以外全市）、避難指示（内牧）発令（防災無線、お知らせ端末で放送、各地区長（自主防災組織）及び消防団から地区住民に情報伝達）
　4時23分/阿蘇市付近に記録的短時間大雨情報
　4時55分/阿蘇市災害対策本部設置（216名）
　阿蘇市=土砂崩れの連絡（三野・古閑）、市内各地の住民や警戒中の消防団員から頻繁に災害発生の報告

5時50分／阿蘇市＝土砂崩れの連絡（手野（古城6区））
5時53分／阿蘇市付近に記録的短時間大雨情報発表
6時00分／阿蘇市＝土砂崩れの連絡（三野（三閑））
6時23分／阿蘇市付近に記録的短時間大雨情報発表
6時30分／阿蘇市＝土砂崩れの連絡（豆札）
6時33分／家が流された旨の連絡（手野）
6時45分／気象台＝鹿本菊池・阿蘇地方に「これまで経験したことのないような大雨」短文情報発表
6時52分／阿蘇市＝土砂崩れの連絡（三野（古閑））
6時55分／阿蘇市＝熊本県へ自衛隊差異が派遣要請
7時00分／阿蘇市＝土砂崩れ（坂梨）の連絡
7時08分／阿蘇市＝河川氾濫（坂梨古恵川）
7時15分／熊本県＝自衛隊災害派遣要請
8時00分／阿蘇市＝土砂崩れ発生（三久保）
8時40分／阿蘇市＝土砂崩れ発生（車帰、的石）

(3)　九州北部豪雨（熊本広域大水害）における災害対応の検証

2012年12月に熊本県知事公室危機管理防災課がまとめた「熊本広域大水害の災害対応に係る検証」を一部抜粋し引用する。

―阿蘇市では、大雨・洪水警報発表により職員が災害対応を開始することとされており、今回も大雨・洪水警報の発表の伝達を受けて災害対応が開始された。なお、警報発表の覚知の手段として、熊本県防災情報メールサービス等が活用されており、今回も職員参集に活用された。―

―熊本県から市町村への伝達、［熊本県防災情報ネットワークシステムによる自動配信］

○熊本県から市町村への気象関係情報等の伝達は、平成15年の水俣土石流災害を教訓に、伝達漏れ等を防止する観点から、職員によるＦＡＸ等の手動配信から、機器による自動配信化が進められ、現在は熊本県防災情報ネットワークシステムによる自動配信となっている。

○今回も、「気象に関する情報」、「注意報・警報」、「土砂災害警戒情報（気象台と熊本県砂防課の共同発表）」、「記録的短時間大雨情報」及び「水防情報（国、県の河川管理者が発表）」が、自動配信によりいずれも漏れなく伝達された。―

―［市町村への注意喚起］

○警報発令時に、特に土砂災害の発生のおそれがあるとして発表される土砂災害警戒情報については、迅速な避難のための避難勧告等発令に資するよう、従来から該当市町村（地域振興局経由）への注意喚起を電話により行うこととしており、今回も、土砂災害警戒情報の発表の都度、該当市町村に対し、注意喚起を行った。

○一方、記録的短時間大雨情報は、今回を除き、2回しか発表されておらず、また、これまでの経験で浸水被害にまで至らなかった「はん濫危険水防警報」などについては、市町村に対して、更なる警戒強化と避難勧告等の発令を促すなどの特段の対応は行わなかった。―

―市町村において、未明から明け方にかけては、救出・救助活動等の災害対応のあわただしさから、住民に対する注意喚起のための気象関係情報の伝達が適時に行われなかったケースがあった。―

―［重要情報の伝達］

○従来から、土砂災害警戒情報発表の際は、管轄の地域振興局から該当市町村に対して電話による注意喚起が行われており、今回も、土砂災害警戒情報発表時（2時40分）に、阿蘇地域振興局から該当市町村に電話により注意喚起が行われた。

○しかしながら、南阿蘇村においては、防災・消防担当職員が被災現場で救出・救助活動等に従事したほか、災害対応のあわただしさのため電話に出ることができず、注意喚起を受電できたのは3時23分であった。―

―市町村の防災・消防担当職員が、被災現場での救出・救助活動等に対応せざるをえない事態となり、防災対応業務に精通した職員が庁舎に不在となったため、避難勧告等の発令が、結果として遅くなったケースがあった。―

これは熊本県の検証記録であるが、その中で「気象関係情報について、伝達漏れ防止する観点から、職員によるＦＡＸ等の手動配信から、機器による自動配信化が進められ、現在は熊本県防災情報ネットワークシステムによる自動配信となっている」一方で、「土砂災害警戒情報発表時は電話で注意喚起を行ったが南阿蘇村では災害対応のあわただしさのため電話に出ることができなかった」と書かれている。災害後、阿蘇市、熊本市などを回って防災担当者から話を聞いたが「次から次へと吐き出されてくるＦＡＸ、鳴り続ける電話、メール、怒鳴り声、まるで戦場だった」という。特にＦＡＸは県からだけでなく、河川管理者、防災関係機関、省庁の出先機関などなどまるで紙の洪水で足の踏み場もなかったそうだ。どれが重要で、どのＦＡＸが急を要するかなど判定する人も余裕もまったくなかったという。

阿蘇市役所では緊急参集した職員たちが奮闘していた。阿蘇市の避難所22か所が開設され、２２５７人が避難生活を余儀なくされた。そうした避難所の対応、災害時要援護者の安否確認、避難指示・勧告の戸別訪問伝達に出向いた消防団や自治会（自主防災組織）からの連絡、避難場所の問合せ、洪水・土砂災害の連絡通報、逃げ遅れ情報、消防署と連絡が取れないなどなど、携帯電話やスマホなどで様々な情報が市役所めがけて押し寄せてくる。結局阿蘇市はあちこちで土砂災害や洪水が発生する4時ごろ避難勧告・避難指示を発令している。本来は発令時に県にも報告することになっていたが、それもできないほど手一杯だったという。阿蘇市は、特に発災当日には様々な災害対応に忙殺されたため、消防、警察、自衛隊等の関係機関で実施する救出・救助の調整会議にも出席できず、翌7月13日になってからの参加となった。こうした状況は河川の越水など洪水が市中で多発した熊本市役所でも同じような状態だったそうである。誰も手を割ける状態ではなかったため、打ち出されたＦＡＸ用紙がつながったまま山のようになっていたそうである。

(4) 防災組織の中に「情報トリアージチーム」

阿蘇市、熊本市の例は情報化時代の一面と怖さを垣間見る気がした。このような情報過多、というか情報錯綜を引き起こす情報の集中攻撃。これは災害現地調査で市町村の対策本部における初動対応の聞き取り調査をすると必ず出てくる課題の一つである。災害時、市町村現場における業務は多岐にわたる。

熊本県の検証報告の中に「市町村の防災・消防担当職員が、被災現場での救出・救助活動等に対応せざるをえない事態となり、防災対応業務に精通した職員が庁舎に不在となったため、避難勧告等の発令が、結果として遅くなったケースがあった」とある。洪水や土砂災害が発生する事態では、緊急参集職員すら参集できない状況に陥る。そうした限られた人員でも対応しなければならないことが山ほどある。避難勧告の発令にさえ影響するほど現場は混乱するのである。人命救助を始め、避難所開設・支援、情報伝達・報告、離れた地域から肉親を案ずる安否確認、災害情報や問い合わせでほとんど市町村の災害対策本部や職員はほとんどパンク状態になって、本来優先すべき応急・緊急対応や業務がほとんど手につかず、結果として適切かつ迅速な初動対応ができないのが実状である。

そこで、市町村の防災組織の中にある情報収集・伝達チームの他に「情報トリアージチーム」を専属に設置すべきと提案する。このチームは事前に、防災関係機関、防災担当部署、災害対策本部事務局と想定災害別、状況別に情報の重要度、優先度、状況によっては割愛する情報など、事前に密接な打ち合わせを行い、住民の命に関わる情報を優先するコンセンサスを作っておくことが重要。その上で情報発信先等と打ち合わせ、発災時の重要度等を勘案し、発信先ごとに受発信ルールなどを調整・確認する。ともかく防災関係機関や連携に対し、電話、ＦＡＸ、メールなど受発信ツールごとに対応ルールや受信・伝達票、確認票などのフォーマットの作成。災害情報と災害時に押し寄せてくる情報整理原則の構築のため研修・図上演習、実務訓練をしておく。必要に応じて分散受信や特定受信番号などを定めておくのである。発災時は、「情報トリアージチーム」が、情報の確認・検証を迅速に行い、必要部署に伝達する仕組みづくりが必須となる。特に時系列で必要情報のニーズが変化することへの対応を組込むことも忘れてはならない。

第五章

個人と組織のスマート防災

1 責任回避が目的化していないか？

国、自治体、企業が進める防災関連施策の大部分は至極まっとうなものだと思っている。しかし、その一方で「責任回避が目的？」と首をかしげるような防災対応も各所でも見受けられる。避難勧告等の発令基準に達する大雨が頻発する時代ではあるが、発令地域、対象住宅を具体的に特定せずに出せば、毒と薬を一緒に服用させるような避難勧告になってしまう。

「108万人に避難勧告！」。これは2011年9月20日午前11時20分ごろから、台風15号接近に伴って、名古屋市が市内を流れる河川流域住民などに避難指示を含め発令したものである。そして、実際に市が把握した避難者数は4555人に過ぎない。単純計算すると避難率は0・4％である。もちろん、避難所に避難した人だけではなく、屋内の安全な部屋、親戚、知人宅などに避難した人もいるから、避難行動を取った人数は実際にはもっと多いと思うが、108万人に比べればそれでもわずかでしかない。一方で、匿名を条件に自治体職員に話を聞くと「みんな避難しないと思っていた。実際に108万人が避難してきたら、半数も受け入れなどできない」と本音を吐露している。これではいったい何のための避難勧告かと思う。名古屋市の対応はすべては基準通りに実施されていた。庄内川などの避難判断水位、氾濫危険水位に達してからの発令だし、洪水ハザードマップの浸水想定地域に発令しているとの説明に、納得せざるを得ない。しかし、後の項で述べるように浸水想定地域の住宅でも、避難した方がいい家と、避難しない方がいい家がある。例えば、名古屋市が避難勧告を発令した地域には多くのマンションがあるが、高台のマンションもあれば低地のマンションもある。いずれにしても2階・3階以上の部屋に浸水のおそれはないはずである。避難勧告を十派ひとからげで出せば、危険と思わない人は避難してこない。自治体は避難勧告を発令することが目的化していて、実際に避難した人は対象者1万人に対して4人の割合でしか避難しないのは住民の責任と、住民に責任転嫁しているのと同じである。

避難勧告を発令する場合、自治体は災害対策本部を設置し、職員は非常配備態勢に入る。そして、避難所開設のために職員を各地域に派遣し自治体職員だけでなく、警察、消防、消防団なども警備・警戒態勢に入ることになる。こうした人件費だけでも数百万円から1千万円以上といわれる。費用だけでなく休日夜間を含めコストとエネルギーを費やしたにもかかわらず、「避難者は数人」ならまだ良い方で「ヒナンシャゼロ」という避難所が多いのが実情である。こうした不条理というか不可思議な行為がずっと繰り返されている。職員の士気を低下させるような対応。これで本当に良いのだろうか？　私も以前「自治体は空振りを恐れず早め早めの避難勧告を発令すべき」と発言してきた。ただ、それはリスク情報の精度向上、危険区域と安全区域の特定、ハザードマップの精度向上、住民に対し、その地域の危険度の事前周知（第3章「1　ストリートミーティング」参照）、防災意識啓発ということが前提であった。土砂災害防止法に基づく特別警戒区域や警戒区域に対し、一定基準で避難勧告を出すことは当然である。しかし、全域に気象警報が発表されたとして、市内全域に避難勧告というのはあまりにもアバウトというか合理性を欠いている。

これでは避難勧告を出すことが目的、自治体の責任回避のための避難勧告発令といわれても仕方がない。

2　災害記憶半減期

大規模災害が発生すると、それまでの無関心さを繕うかのように一気に日本中が「安全こそ最優先」の大合唱が巻き起こり、防災・危機管理優先一色に染まっていく。しかし、時間経過とともに、あの熱病は何だったのかと思うほど、膨らみ過ぎた風船のようにみるみるしぼんでしまう。「防災って、なんだかダサくない？」というブログが炎上しなくなり、「防災対策はやったらきりがない金食い虫」とつぶやく自治体職員に「いいね」がクリックされ、企業経営者が「防災は費用対効果を無視した後ろ向き投資」と発言して憚らぬようになる。中には「安全優先、いのち優先は選挙に欠かせないポーズ」と本音を言ってしまう首長さえ出てくる。

その要因は、大災害直後の恐怖と衝撃、明日は我が身との戦慄が列島を突き抜け、そのショックを和らげ恐怖を抑え込むために、背伸びした過剰なまでの安全目標や過大な対策を進めようとしてしまう。震災直後は安全優先を表明しなければまるで非国民といわんばかりであった。「そこまでやる必要があるのか？」「費用対効果は？」という素朴な疑問さえ、災害直後は黙殺されてしまう。しかし、記憶の風化とともにその疑問が解凍され反動となって現れてくる。そして、施策や予算配分の優先順位も劇的に変化し、国も自治体も直後の大盤振る舞いを恥じるかのように、あっさり手じまいして防災予算削減に移行していくのである。

長く津波工学の研究を続けて来られた東北大学名誉教授・首藤伸夫氏も「人間は忘れやすい。大災害から8年ぐらいまでは災害への備えが熱望されるが、10年で経験が楽観に変わり、三陸では高台移転した集落が戻り始めた。15年たつと災害経験が生かされなくなる」（2014年3月10日・朝日新聞抜粋）と話している。当事者たちでさえ、記憶半減期は10～15年であり、非当事者の災害記憶半減期は3年から5年程度でしかない。大災害は人々に強烈な衝撃を与える。だが、つらい記憶ほど早く忘れたいとする心理が働き、加速度的に風化が進む。記憶半減期を過ぎると、次の災害予測は「まだ大丈夫だろう」「自分だけは死なない」という根拠なき楽観に流れる。そして、同じような災害に襲われ、同じような被害を受けることになる。地域特性や地域規模などの身の丈に合った防災対策でないと長続きしないのである。今求められているのは一過性の安全ではない。背伸びせず、継続できる防災・危機管理。スマートな防災である。

3 二人の都知事

(1) 石原都知事の防災隣組

東日本大震災の後、再選されたばかりの石原慎太郎都知事と対談させていただいた。ホテルのバーという設定で少し薄暗い中で酒に擬したグラスのウーロン茶を飲みながらの対談であった。東京ＭＸテレビなので都内中心の放送だが、動画は今でもYouTube（ユーチューブ）(https://www.youtube.com/watch?v=pD9iA5afB0k) で視聴できる。石原都知事（当時）といえば、鋭い舌鋒で左右をバッタバッタと斬り捨て、勢い余って勇み足などもあり、あまり人の意見には耳を傾けないというイメージであった。しかし、お会いしてみると先入観とは全く違っていた。私の目の前には、防災関連のエピソードや提案に身を乗り出し聞き取ろうとする日本の首都を担うに相応しい、責任と使命感に満ちあふれた頼もしい指揮官の姿があった。自信に満ちた信念と垣間見せる鋭い表情と感性。そして無防備ともいえる笑顔。一方で率直に感情を表すなどしたたかな柔軟さと懐の大きさをひしひしと感じた。それでいてご自身の信条・琴線に触れる事柄については、決して妥協せず見逃さず、断固として反論するのである。

対談の中で、都知事が古い木造密集地域（以下「木密地域」）に対する耐震化が進まないのが気がかりと、珍しく悩みを漏らしたので、日ごろ感じていた私見を述べた。「地震が発生すれば倒壊し、大火になる危険性のある木密地域解消のためには、土地ごと国と都が買い上げて安全な防災予防住宅を建てた方が、仮設住宅、生活再建支援金支給など、災害後に多額のコストをかけて被災者ケアをするより、よほど安上がりではないか」

と率直に話した。すると急に表情を引き締め「それは……どうかな。防災は自助、共助が重要で、基本は自助でしょう」と一蹴された。安易な個人財産に係る支援は、モラルハザードを招きかねないという考えであろう。基本は自己責任、その思いは同じである。特に行政の立場となればそうした考え方も理解できなくはない。しかし、都知事が心配する下町や東部の地盤の弱い木密地域に住んでいる人の多くは、耐震改修をしたくてもできない年金暮らしの高齢者たちや借家住いの人たちである。その人たちに自己責任だからといって多少の補助金を出したくらいで木密地域解消が進むはずはない。国と自治体が手を組んで安全な場所へ災害前の防災集団移転や災害予防住宅などの提供などを考えてもいいのではないかと思っている。

これまでのように災害後、被災者生活再建支援するには、約400万円の応急仮設住宅建設など、国家予算が投じられる額は一世帯当たり平均2500万円以上と試算されている。400万円掛けた応急仮設住宅を原則2年後には壊すのはもったいない。これこそ国家の損失である。災害後にそういう費用をかけるより事前に対策することにより人命や財産だけでなく、コミュニティまでも失わずに済むのである。年金暮らしの人が自らの力で木密地域解消を行うことはできまい。そして、いったん災害が発生すれば、その人たちの生死を左右する危険性があると以前から想定されていて未だ対策は遅々として進んでいない。木密危険地域解消のために国と都が力を合わせ、一定条件下で土地と建物を買い上げ、災害予防住宅建設という選択肢もあるとの考えは今でも変わっていない。

都知事との対談で一番盛り上がったのは私が提案した防災隣組の話であった。いざというとき、みんなが逃げたら誰が火を消すのか、誰が生き埋めの人を助けるのか。津波や土砂災害など二次災害のおそれがある場合は直ちに安全な場所に脱出すべきだが、揺れが収まり身の安全が確保できたらそこに踏みとどまって闘うべきである。不条理な災害に怯まず、逃げず、あきらめず災害と対峙し災害を迎え撃つ。自分や家族は自分で守り、自分たちの町は自分たちで守るセルフディフェンス、逃げる防災から闘う防災などの話をした。向こう三軒両隣の助け合い、防災隣組が極めて重要という点で一致した。というか、意気投合した感じである。対談後、都知事の決断で東京都の防災対策の進む方向を定める「東京都震災対応指針」に「防災隣組の推進を図る」の項目が加わり、翌年４月、都庁大会議場にての第一回東京防災隣組認定式（写真18）へとつながっていく。都は防災部の中に「防災隣組推進チーム」を設置して支援体制を整えている。その後毎年４月に認定式が行われ、２０１５年４月時点ですでに１８２団体が東京防災隣組に認定されている。主な取り組みとしては—意欲的な防災活動を行う団体を「東京防災隣組」として認定し、その活動を広く紹介することにより、都内各地域のさらなる取組を促すとともに、新たな防災活動を誘発していく—ことになっている。また「地域防災学習交流会」や「防災市民組織リーダー研修会」の実施や、地域防災力向上を目指す地区をモデル地区として指定し、防災専門家の派遣などを行っている。

写真18　東京防災隣組認定式

認定された東京防災隣組には、企業防災隣組、帰宅困難者支援隣組、自治会と病院との連携隣組、町内会やマンションの隣組など様々な主体形態の隣組があって、互いに交流を図って切磋琢磨に励んでいる。この防災隣組に認定されると、マスメディアなどにも取り上げられるため、住民たち自身が刺激されさらに地域で盛り上がるケースも増え、地域の活性化にも寄与している。自治会や自主防災組織の活動は高齢化が進みマンネリ化も避けられず、一部ではじり貧状態に陥っている。自治会や自主防災会の中に向こう三軒両隣の防災隣組を設置すると、見違えるように活性化していくところも多い。自分たちの町は自分たちで守る、いざというときは近隣で助け合う仕組みがようやく始まったのである。地域の防災力を高め、地域活性化につながる大変意義のある都知事の英断であった。石原都知事が辞任されたあとも、この制度は東京の防災文化として永く広く次世代へ引き継がれ、地域コミュニティの求心力になっていくことを願っている。

(2) 舛添都知事の決断（「東京防災」750万部全戸配布）

2014年2月9日に東京都知事選挙が執行された結果、政策の3本柱として「2020年東京オリンピック・パラリンピックの成功」「首都直下地震などに向けた防災対策」「社会保障政策」を掲げた舛添要一氏が211万2979票を獲得し当選した。就任後、多忙なスケジュールの合間に防災専門家の意見を聴く会が設けられ、舛添都知事を囲んで私を含めて大学教授など5人が意見具申をした。そのとき私が発言したのは、ハードやシステムも必要だが何より優先すべきは、自分や家族の命は自分で守り、自分たちの町は自分たちで守る自助と、近くの人が助け合う近助・共助の話。そして都民一人ひとりの防災に係る正しい知識と意識啓発にコストとエネルギーを費やすべきというようなことを述べた。舛添都知事は一人ひとりの意見を熱心に聴いていたが、こちら側は短時間のため消化不良の感は否めなかった。

政府や役所が行う諮問委員会や専門委員会の場合、予め進める方向はすでに決まっていて、ともかく皆さんの意見は聞きましたというアリバイ作りのようなセレモニー会議がよくある。最初はその類かと思っていたが、その後、9月ごろになって、都の防災担当部署や委託を受けたリサーチャーたちがやってくるようになった。都民の防災意識啓発本、防災ブックをつくるので協力してほしいというものだった。「おっ、都知事はかなり本気じゃないか」と少し見直し、ヒアリングで具体的な提案などをしたが、私のコメントや主張を録音しながら質問を繰り返すスタッフたちがみんな防災には無関係の素人ばかりなので、なにかかみ合わないというか心もとない感じがした。そして、翌年に完成版の見本が送られてきた。バリケードのようなデザインの黄色い表紙をめくると、中も黄色の紙に黒文字で書かれていて、とにかくよく目立つ。これが舛添都知事の決断で20億4000万円をかけてつくられた防災ブック「東京防災」（写真19）である。2015年9月1日から750万部を都内の全世帯に郵送で発送・配布を開始した。配布開始前に冊子には若干の記載ミスがあることが発覚していた。災害時に配慮が必要な人である障害者、妊婦などを表すシンボルマークを記載したページの題名を、障害者に関するシンボルマークとした誤りがあり、シールを貼るなどして修正すると4億円かかるため、誤植を直すことなくそのまま発送することとしたとしている。

都知事は会見で「スイスの危機管理ブック『民間防衛』の防災版をつくった」と誇らしげに述べている。

写真19　東京都が都内全戸配布した防災ブック「東京防災」

都知事は、我々から東京の防災対策について意見を聞く前から、スイスの民間防衛の防災版を作りたいと思っていたのであろう。2015年の年末の会見でも「今年印象に残った施策や出来事について」と問われた都知事は、東京オリンピック・パラリンピックがらみの話をした後最後に「でもやっぱり一番は『東京防災』の出版かな」と笑みを浮かべたそうだ。都知事選に臨み三つの柱として政策を掲げたが、その一つが「首都直下地震に対する防災対策」だったこともあり、就任から1年半で重要政策に取り組んだことを自分でも評価するほど、それだけ思い入れの強い決断だったのかもしれない。他の自治体の首長にこの「東京防災」を見せると、異口同音に「財政豊かだからできる。住民の知識と意識啓発の重要性は痛感していてもこれほど予算をかけることはできない」と。

しかし、東京オリンピック・パラリンピックを5年後に控え、紆余曲折のあった国立競技場建設費用の上限1550億円のうち390億円を東京都が負担することになっている。他の競技や施設などの整備などの予算化についても考慮しなければならないときに、20億4000万円をかけて防災ブックの全戸配布の実施は強い意志をもっての決断であったと思う。私が常日頃から提唱する堤防のかさ上げなどのハードだけでなく、一人ひとりの心の堤防を高くすべきという防災の原点に立った都知事の実践的判断は評価されるべきである。発生確率70％以上といわれる首都直下地震に対し、「1350万都民の命を守るため、東京都は地域の防災力向上に全力を挙げて取り組んでいる。東京は絶対安全ではないかもしれないが、安心できる街である」と、国の内外に向かって強烈にアピールできたと思う。東京は夜間の人口より昼間の方が平均約250万人多くなる。通勤、通学、商用、観光、買い物などで周辺地域や全国から流入し一時的に滞在している人たちである。最近は外国人観光客が増加し、都民だけでなく守らなければならない人たちが増加してきている。公共交通機関や道路などを通過する人まで加えると東京には常に約2000万人はいるともいわれる。この人たちを行政や防災関係機関だけで守ることなどできない。1350万都民一人ひとりが自分の命を自分で守る「自助」と近くにいる人を助ける「近助」、地域で助け合う「共助」、それを補完する「公助」の連携がなければ安全は得られない。その意識を持ってもらうための第一弾が「東京防災」の都民全戸配布である。

このような「防災の手引き」や「防災のしおり」などは全国の自治体でこれまでも多数発行されてきた。しかし、これだけ多様な災害を網羅し単行本状の本格的冊子を発行したのは全国でも初めてである。都知事が記者会見で引き合いに出したスイスの「民間防衛」の対象は自然災害等ではなく、永世武装中立国を目指すスイスの国是を死守するため、国が戦争を想定して市民に備蓄や覚悟を求めたものである。そのテーマは「国の独立、民主主義と自由を守るため、それが侵される危険が迫れば、国は断固とした対応する。国民も銃を取って立ち上がるとともに、自力で数か月は生き延びるための覚悟と準備をせよ」に力点が置かれているのが特徴である。東京防災とは基本的な出版意図は異なるものの、東京防災も住民一人ひとりが共通の敵（災害）に自ら立ち向かうよう呼びかけている点では共通している。

さて、その「東京防災」の中身だが表紙の「今やろう。災害から守るすべてを」のキャッチコピーがすべてを物語っている。３３８ページの中に、大規模地震を基礎的災害とし、地震発生、発災直後、避難、避難生活、生活再建までの時系列の具体事例と対応策が示されている。「自宅に潜む危機」「地震発生時の命の守り方」「今やろう、防災アクション・４つの備え」では、備蓄、室内の備え、室外の備え、コミュニケーションと続く。水道水の保存方法、水の運び方、簡易オムツのつくり方、布ナプキンのつくり方等、身近なものを利用したサバイバル術などもある。さらに「そのほかの災害と対策」として、大雨・暴風、集中豪雨、土砂災害、落雷、竜巻、大雪、火山噴火、テロ、武力攻撃、感染症など、自然災害だけでなくあらゆる災害モデルが網羅されている。そして「もしもマニュアル」として、救急法・応急手当法、初期消火、緊急・応急対応などがきめ細かく描かれている。「知っておきたい災害知識」としては、地震や津波など自然災害や気象情報などの防災知識、さらには「TOKYO X DAY」の東京をリアルに描いたオリジナル漫画も奥付の代わりに付いている。各ページとも文字を極力減らし、イラストを多用して読みやすくしているのがこの小冊子の特徴である。

東京都は東京特別区23区、多摩地域26市・1郡（3町1村）及び大島・三宅・八丈・小笠原（島嶼部）の4支庁（2町7村）から成り立っている。この東京防災にはそれぞれの地区の防災マップが添付されている。大きな地域はブロック別のマップである。これは別冊になっており、変更などがあれば差し替えができるよう配慮もされている。あとは、これをどう利活用し、東京都民の防災力・危機管理対応力向上につなげるかである。消防署の職員等が地域で説明を行ったりしているが、できれば東京防災の冊子を囲んで、年に２回程度「家庭防災会議」を開いて様々な災害別の対応などを家族で話し合ってほしいと思っている。私も、スマート防災推進の立場から、微力ながら「東京防災」が活用され都民の防災力、危機管理対応力向上に資するよう全面的に協力して推進していくつもりである。

第六章

企業のスマート防災

1 自然災害でも問われる企業の「安全配慮義務」

2015年1月13日、仙台地裁は自動車学校を経営する法人に損害賠償を命じる判決を下した。「安全配慮義務違反」である。東日本大震災の津波で犠牲になった宮城県山元町の常磐山元自動車学校の教習生25人とアルバイトの女性＝当時（27）＝の遺族が学校側に約19億7000万円の損害賠償を求めた訴訟の判決で、高宮健二裁判長は学校側の責任を認め、計約19億1000万円の支払いを命じた。震災で津波犠牲者の遺族が学校側や勤め先など管理者を相手取った訴訟の1審判決は4件目で、損害賠償が認められたのは、園児5人が死亡した宮城県石巻市の日和幼稚園の訴訟に続き2件目。従業員に対する責任を認めたのは今回が初めてである。一部抜粋し判決文を引用する（詳細判決文は裁判所のホームページ参照）。

—校舎外にいた学校長を含む教官らのうち少なくとも一部は、教習所の敷地内において、目の前で行われていた消防車による「津波警報が発令されました。坂元中学校に避難してください。」と避難先まで特定し、教習所付近にいる者に対して避難を呼びかける広報を現実に聞いていたと推認されることからすれば、教習所経営法人としては、遅くともその時点において、教習所付近にも津波が襲来する事態を具体的に予期し得たこと。—

としている。

高宮裁判長は、消防車両が教習所の前を走り、避難を呼びかけていたことから、「(学校側は) 教習所に津波が襲来する可能性を予見して、速やかに教習生らを避難させ、安全なルートを通って送迎先に送り届けるなどの義務があった」と指摘。「学校側の安全配慮義務違反と教習生らの死亡には相当な因果関係がある」と判断した。判決によると、平成23年3月11日午後2時46分の地震発生後、海岸から約750mの自動車学校は地震後の授業再開を検討し、教習生を敷地内に待機させた。その後打ち切りを決め、午後3時40分ごろ、教習生が分乗した送迎車などを出発させたが、津波にのまれ、4台の23人が死亡。地震発生時に路上教習で内陸側にいた2人は、海側の教習所に戻った後、徒歩で移動中に被災した。アルバイトの女性は後片付けを指示された後、教習所か周辺で津波に巻き込まれた。長男のTさん＝当時（19）＝を亡くした遺族代表のTさんのお父さん（52）は判決後、「ほっとしている。まずは子供に『ここまでがんばってきたよ』と報告したい」と話した。

従来、自然災害や天変地異による被害・損害に関しては原則不可抗力による免責というのが一般的通念であった。しかし、この判決は災害に対して顧客や従業員に対する一定の安全配慮をすることは企業の義務であると断じたのである。裁判長は地震そのものによる被害（建物倒壊による死亡など）ではなく、地震による津波という2次的な災害に関する事案であること。事業者は、1次的な災害（地震、豪雨など）についてはもちろん、時間差をもって生じる2次的な災害（津波、火災、崖崩れ、鉄砲水など）についても予見の可能性があれば安全配慮義務を負うとしている。「事前の情報収集」、「事後の情報収集」、「事前の対策」、「事後の現場における判断」が安全配慮義務違反の有無を左右していると考えられる。

情報収集には事前情報の収集と事後情報の収集がある。一審判決では事前に収集し得る情報からは予見可能性が否定されながら、教習所の目の前で行われた消防車による避難広報を根拠に安全配慮義務違反が認められていることに注目する。つまり、混乱した現場においても、数ある情報のうちどれを重視し優先すべきか、見逃すことなくしっかりと見極める必要があるというのである。

企業などで安全配慮義務という言葉が使われてきたのは、労働安全衛生などが主で、自然災害における事案について明確に指摘されたのは初めてではなかろうか。約19億1０００万円の賠償を命じた判決を不服とする教習所側、役員らの責任を認めなかった判決を不服とする遺族側の双方が、仙台高裁に控訴しているのでの先の推移を見守る必要がある。

しかし、一審判決を知った多くの人たちは当然のことと受け止めた。地震や津波常襲地帯であり被害想定やハザードマップがきめ細かく公開され、災害対策の必要性が定着している今日、企業の安全配慮は必要だし、たとえ自然災害であっても一定の安全配慮の上で利潤の追求としてのビジネスがある。至極まっとうな論理である。特に発生確率が高いとされる南海トラフ巨大地震や首都圏直下地震などに関し、国などから詳細な被害想定が発表されている。そこには市町村別の最大震度や津波高や到達時刻なども明示されている。こうした情報は企業の安全配慮義務としての事前情報にあたる。つまり事前に予見可能災害でありリスクに対応した対策が不可欠ということになる。

防災対策に係る国の指針でもある災害対策基本法や防災基本計画でも国・自治体・事業所などにおける一定の防災義務の実施が規定されているので、命を守る安全配慮は命を預かるすべての主体に課せられた義務とされるのは当然。今後、個人も組織も各主体のすべてにおいて、安全配慮義務を怠らないようにする防災対策、特に命を守るための配慮は怠ってはならないと肝に銘ずる必要がある。

2 スマートBCP（事業継続計画）

(1) 究極のリスクマネジメントは会社をつぶさないこと

リスクのないビジネスはない。そのリスクをコントロールするのが危機管理（リスクマネジメント）だが、元々経営とは毎日の危機管理である。危機管理の「機」は機会（チャンス）を表し、「危」は当然危険の危（リスク）である。つまり、経営＝危機管理とは、チャンスとリスクが表裏一体となっていて。それを経営者や管理者が常に取捨選択し管理・調整しているのである。究極のリスクマネジメントとは会社をつぶさないことにつきる。自然災害のほか経営リスクは多岐にわたるが、ここでは一般的な災害リスク関連にフォーカスして話を進める。東日本大震災が2011年3月11日に発生した後、震災関連倒産が丸3年で累計1422件（負債額1000万円以上）に達した（図7）。1995年の阪神・淡路大震災では、関連倒産が3年間で314件だったのと比べて4・4倍の増加である。また「東日本大震災」関連倒産の負債累計は1兆4943億8400万円に上り阪神・淡路大震災の累計2148億6000万円比べ6・9倍となった。

　東京商工リサーチの調査によると、阪神・淡路大震災後における関連倒産の被害型では、工場、施設、機械や人的被害を受けた「直接型」が3年間で170件（構成比54・1％）と過半数を占め、「間接型」144件（構成比45・8％）を上回っている。これに対し東日本大震災では、「間接型」が1292件（構成比92・1％）に対し、「直接型」は110件（構成比7・8％）にとどまった。取引先・仕入先の被災による販路縮小や製品・原材料・資材の入手不足、受注のキャ

図7　東日本大震災関連倒産 震災後月次推移（東京商工リサーチ）

（東京商工リサーチ調べ）

ンセルなどが影響した「間接型」がほとんどを占めているのは、２００８年秋から始まったリーマンショックとその後遺症で世界同時不況により、経営体力そのものが脆弱に陥っていた企業が多く、震災が業績不振に追い討ちをかけた結果とみられる。また、「直接型」が少ないのは、未曾有の災害で、倒産としてカウントされないが、休・廃業に追い込まれた企業が相当数あることも影響したとみられている。

阪神・淡路大震災では、３年間で23都府県の関連倒産が発生したが、このうち近畿地区が２７３件（構成比86・９％）で突出し、震源地の兵庫県だけで２２２件（構成比70・７％）と全体の７割を占め、被災地中心に地域的な企業ダメージの偏りがみられた。

対して、今回の東日本大震災では、島根県と沖縄県を除く45都道府県で震災関連倒産が発生している。地震や津波被害が東北沿岸部および茨城県、千葉県などの太平洋側の広範囲に及んだことで、被害の甚大さも相まって影響が全国規模で拡大したものである。倒産件数に占める震災関連倒産の構成比をみると、東北地区が突出して高い。２０１１年３月以降の都道府県別の倒産件数のうち、震災関連倒産の占める構成比は、宮城県が41・１％で最も高かった。次いで、岩手県が33・１％、福島県が21・９％、山形県が13・７％、青森県が12・３％と続く。東北６県のうち秋田県（６・４％）を除く５県が２桁台と、震災被害が大きかった太平洋側３県が上位を占め、全国平均（３・９％）を大きく上回った。発生年別では、全国平均の構成比は震災が発生した２０１１年が５・０％、２０１２年が４％、２０１３年が３％、２０１４年が２・１％と年々低下してきている。東北地区でも２０１１年は23・４％と全体の約４社に１社が東北地区だったが、２０１２年が21・57％、２０１３年が21・52％、２０１４年が13・７％と低下している。ただし、比率はまだ全国平均を大きく上回っていて、東北地区では震災関連倒産への影響度がまだ高いことが浮き彫りになっている。

阪神・淡路大震災時の関連倒産では、３年間で産業別で最も多かったのは製造業の１１２件、次に卸売業88件、サービス業ほかが52件、建設業34件の順だった。特に兵庫県内の地場産業であるケミカルシューズ（合成皮革を用いた靴）業者の多くが被災したことで、靴関連業の倒産が目立つなど業種にも特色がみられた。

これに対し、東日本大震災時の関連倒産は、あらゆる産業に影響が飛び火している。産業別では宿泊業・飲食店などを含むサービス業他が３５５件で最多。次に製造業が３３０件、卸売業が２５１件、建設業が１８６件、小売業が１３１件と続く。サービス業ほかが多いのは、今回の震災の影響が「阪神・淡路大震災」より規模が大きく、広範囲に及んだことを反映している。

また、より細分化した業種別では、総合工事業が80件で最も多かった。次いで、宿泊業が77件、食料品製造業が70件、飲食店が70件、飲食料品卸売業が67件の順であった。

これらの業種別倒産に占める東日本大震災関連倒産の構成比をみると、宿泊業が21・４％で最も高く、食料品製造業が11・６％、飲食料品卸売業が６・７％、飲食店が３・２％、総合工事業が１・９％だった。宿泊業が高率を示したのは、経営不振企業が多かったところに、東日本大震災で、旅行やイベントの自粛で客数の落ち込みに拍車がかかり、経営を支えきれなくなったケースが頻発したことによるものとみられている。

(2)　ＢＣＰはシンプルでなければ使えない

東日本大震災発生時、前述したように、直接、間接の影響を受け震災関連倒産に至った企業が多数に上った。また、倒産に至らないまでも、長期業務中断・停止に追い込まれた企業も枚挙にいとまない。阪神・淡路大震災後、ＢＣＰの必要性が高まり、通産省などを中心に商工会議所、経団連などや自治体の商工部を通じＢＣＰ策定を推進してきた。その間、約65％程度の大企業がＢＣＰを策定し、約20～30％の中小・中堅企業でも策定が進んでいた。そして、東日本大震災が発生する。しかし、策定していた企業のアンケート調査によると事前に作られていたＢＣＰが「使えなかった」「使わなかった」という割合が50％以上に上った。つまり「運用基準に基づきＢＣＰを発動し進めようとしたが、役に立たなかった」企業と、「ＢＣＰがあったことさえ気づかず、使わなかった」企業が多かったということである。そして、ＢＣＰが使えなかった主な理由を挙げてもらうと、

・局所的直下地震を想定していたため、広域複合災害に対応できなかった。
・広範囲の停電、計画停電はＢＣＰでは想定していなかった。
・想定した社員（職員）の緊急参集計画は絵に描いた餅だった。
・ガソリン不足、道路損壊、流通混乱で原材料が入手困難となった。
・福島第一原子力発電所過酷事故（以下原発事故）は想定外だった。
・直接取引のない三次下請け被災で部材が入らず業務中断が余儀なくされた。
・原発事故の風評被害で海外からの自動車部品の注文キャンセル続出、業務縮減。

など、様々な要因が挙げられているが、中には「いざというとき、ＢＣＰは不要ということがよくわかった」など極端な意見もあった。主な意見を集約すると、ＢＣＰの前提となるリスクの過小評価、影響を受ける範囲の過小評価、電力などのインフラ停止時間の過小評価、末端サプライチェーンの影響度の過小評価、社員等のマンパワー緊急参集率の過小評価など。一言で言えば「ＢＣＰの原点となる想定の過小評価」ともいえる。役立たなかったといわれたＢＣＰを見てみる。

左に示した目次一覧を見ると、それぞれ納得できる項目であり一般的な必要事項はほぼ網羅されている。よってこれはこれで評価すべきであるが、ＢＣＰは業種・業態・業容などに合わせて策定しないと、いざと

いうとき「帯に短し襷に長し」で使えない。背伸びせず身の丈に合ったＢＣＰ策定が大切。そして、これほど総花的ＢＣＰだとページ数も多く分厚いマニュアルができてしまう。大企業のように部署や職掌が多岐にわたる場合は基本的事項と別に部署別・拠点別行動マニュアルに落とし込んで作成する場合もある。それでもシンプルが一番。東日本大震災を経験した某被災企業の役員がしみじみと「百科事典のようなＢＣＰなど読む気がしなかったし、読む暇も余裕もなかった」の言葉がＢＣＰのあり方を如実に物語っている。立派な

■○○株式会社事業継続計画（BCP）目次

一　わが社の安全理念
二　ＢＣＰ基本方針
三　リスクの特定
四　ＢＣＰの位置づけ
五　ＢＣＰ推進本部の役割
六　ＢＣＰ推進本部組織図
七　重要中核事業指定と事業別復旧目標
八　ＢＣＰの発動基準
九　ＢＣＰの解除基準
十　サプライチェーンの範囲及び関係企業リスト
十一　事前対策計画とタイムライン
十二　緊急財務診断及び応急財務計画
十三　緊急時における非常態勢の構築
　(1)　安否確認
　(2)　救出・救護・初期消火
　(3)　二次災害防止措置
　(4)　避難誘導
　(5)　施設・設備等の安全及び被害確認
十四　緊急時におけるＢＣＰ発動フローチャート
　(1)　ＢＣＰ発動宣言基準
　(2)　非常組織編制、緊急対応要員確保
　(3)　施設・設備等の安全及び被害確認
　(4)　通信システム点検・確保
　(5)　情報収集・集約・共有
　(6)　サプライチェーンにおける被害状況確認
　(7)　インフラの復旧見通しの確認
　(8)　中核事業への影響度確認
　(9)　政府・行政・指定公共機関の情報収集
　(10)　物流関連施設等の被害確認
　(11)　ＢＣＰ推進本部会議（応急復旧計画案、復興計画案）
　(12)　応急復旧予算見積もり
　(13)　関連企業への支援要請、復旧要員補充
　(14)　緊急バックアップオフィス開設
十五　災害時における指示命令系統
十六　非常時予算・財務診断
十七　緊急連絡先一覧
十八　緊急連絡及び安否確認方法
十九　各種様式
二十　主要施設連絡先及び地図

ＢＣＰを作って満足するのではなく、災害発生時に役立つ使いやすいＢＣＰを策定すべきである。

(3) フレームワークからフットワークＢＣＰ

東日本大震災でＢＣＰが使えなかった企業の多くが「想定の過小評価」をＢＣＰが役立たなかったことの主な理由に挙げている。しかし、そうした企業の内部を様々な角度から深堀りしてみると、違った側面も見えてくる。例えばＢＣＰが東日本大震災で役に立たなかったと答えた宮城県にある中堅の電子部品メーカーの従業員それぞれにＢＣＰについて自由に意見を述べてもらったうち、いくつかを紹介する。

・どんな立派なＢＣＰがあっても、停電が続けば業務再開ができないと知った。
・コア業務の復旧目標はあったが、社員が被災してそれどころではなかった。
・連絡が取れない家族を捜し歩いていた。ＢＣＰがあることさえ知らなかった。
・部品調達先や下請け工場と連絡が取れなければ、事業継続はできない。
・ガソリン不足、停電が解消されるまでは、自宅待機の方がよい。
・製品裏に貼るスペックシールを作っている工場が被災しラインが止まった。
・電気が止ったらお手上げ、工場全部を動かす自家発電があればいいが……
・地域全体が被災しているのに、うちの工場だけ再開などできない。
・不要な情報ばかりで、取引先のその先がどうなったかわからなかった。
・会社同士の電話はなかなかつながらなかったが、個人の携帯同士は通じた。
・分厚いＢＣＰは文字が小さくて停電時は読めない。
・机上のＰＣ端末やサーバーが壊れ、新しいＰＣが来てもセキュリティ、ＯＳ、アプリケーション等をインストールしなければ使えなかった。データのバックアップはあったがそうしたOSやアプリのバックアップがなく、手に入らなかったため、PCが使えるようになるまで10日もかかった。

・BCPを作ったことで安心してしまっていた。

・BCPが想定した各項目は災害時は全く役に立たない。

・上層部でBCPに裏切られたという人がいたが、彼らが作ったのに……

もっと過激な意見は「BCPは不要、それより一人ひとりの危機管理と災害対応力の向上の研修を繰り返し実行すべき」と、被災企業ならではの生々しく、また、本質を突いた意見が多かった。こうした意見のほとんどは中越地震や阪神・淡路大震災時にも言われていたことであった。災害規模の大小を問わず役立たないBCPの共通点は、

① 美辞麗句羅列BCPで、形式的・抽象的で具体性がなかった。

② 机上の災害イメージで作られていて実践的でない。

③ 時系列で急速に変化する災害後のニーズやインフラ環境が考慮されていない。

④ 自社に合わない一般論のBCPは百害あって一利なし。

形式的で抽象的なBCPが多いのは、ガイドラインやひな形をなぞって作成された結果である。つまり、ほとんどがフレームワークに終始していてフットワークになっていなかった結果と解釈している。そういうBCPが作られたプロセスを調べてみると、具体的な結果事象に備えていないこと、もう一つは客観的な評価が欠落していることであった。地震に備えるのではなく、地震によって引き起こされる建物損壊、道路損傷、交通途絶、停電、断水、通信途絶などの具体的結果事象別に備えることが重要である（図8）。自社で最初から最後まで議論して作成した企業はまだいい方である。中には、丸投げで委託してしまった企業もあった。

体裁のいい表紙に惑わされてはいけない。格好つけてはいけない。作ったことで安心してはいけない。防災倉庫を作って中身が入っていないのに安心しているようなものである。問題は中身をしっかり吟味して災害時に本当に役に立つのか使えるのかを現場や第三者による客観的評価が極めて重要である。これからのＢＣＰは、フレームワークからフットワーク重視のＢＣＰであるべき。そうすれば自動的にシンプルでスマートなＢＣＰができあがること必定である。

⑷　結果事象別に備えるスマートＢＣＰ

ＢＣＰは作ることが目的ではなく、災害発生時に人的被害をなくし、リソースダメージを最小限にとどめること。そして、情報やインフラが混乱したなかで効率よく業務復旧作業が行えるようするための手順を作ることである。だからこそ、美辞麗句や余分な項目・対応を削ぎ落とし、自社の身の丈に合ったＢＣＰが必要になる。前述の被災企業役員の「百科事典のようなＢＣＰなど読む気がしなかった、読む暇も余裕もなかった」と同じことにならないようにするには、時系列で目標、手段、行動が変化していく。刻々と変化する状況に対応した結果事象別、災害時ニーズ別の具体的対応策を組込んだＢＣＰがスマートＢＣＰである。

図8　BCPはフレームワークからフットワークへ

従来型BCP（原因別対策）
フレームワーク（framework）重視／理念、構成、体制、枠組み

↓

実践的BCP（結果事象対策）
フットワーク（footwork）重視／結果事象別リアリティ対策、行動

↓

①絞り込み＝すべての業務継続→重要業務のみに絞り込む
②洗出し＝発災時における重要業務継続のボトルネック洗出し
③リカバリ＝ボトルネック→多重リカバリ（バックアップ等）確保

↓

①コミュニケーション：「防災協定」＋「コミュニケーションツール」
②指示命令系統の一元化、連絡不能時の臨時非常態勢整備

↓

①演習訓練：ブラインド型図上演習・実働訓練（P・D・C・A）
②総力戦・責任分担、部署責任で行動マニュアル作成・整合性

では結果事象とは何か。災害でいえば地震、津波、土砂災害、洪水、噴火、竜巻などは原因事象であって、原因事象に備えようとすると抽象的対策になりかねない。結果事象に備えるということは原因事象によって引き起こされる結果に備えるということである。つまり、地震に備えるのではなく、地震によって引き起こされる大揺れ、津波、建物損壊、火災、ガス爆発、危険物の漏えい、停電などだが、一過性の結果事象と、多くの災害に共通する結果事象に備える。例えば施設の損壊は軽微だとして、災害に共通する結果事象といえば停電である。停電に備えることは極めて重要である。例えば、**図9**のように、結果事象として長期停電対策（復電まで1週間想定）を事例に説明すると、災害時ニーズは「照明」「工場であれば操業電力」「エレベーター電力」「冷暖房電力」などだが、これらは自家発電設備を設置しない限り代替措置はない。その場合でも軽油や重油の自家発電設備だと災害時は燃料補給が困難になる可能性があるので、ガスを燃料とする発電機とするなど工夫が必要である。東日本大震災のとき、自家発電設備を設置していた事業所でトラブルが起きた。燃料は一定量備蓄されていたが、潤滑オイルが無くて発電設備のエンジンが自動停止してしまったのである。これまでその発電設備は、年に2回業者が来て点検していたそうだ。しかし、せいぜい10分程度しか稼働させていなかった。立ち会っていた社員も、燃料の重要性はわかっていたが、長期運転ではオイルが必要であることを知らなかった。結果として、折角高額投資で設置した発電設備が本当に必要なときに機能しなかった

図9　結果事象に備える（停電対策事例）

	災害時ニーズ	事前対策	BCP対応
長期停電対策（復電予測1週間）	照明電力	発電設備設置 予備燃料備蓄 維持点検 作動訓練実施	電力担当 用途管理 燃料確保 安全管理 電池調達 発電設備がない場合停電回復まで一般社員は自宅待機
	工場操業電力		
	エレベータ電力		
	冷暖房電力		
	ラジオ懐中電灯	乾電池備蓄	
	サーバー電力	バッテリー設備	
	パソコン電力	小型発電機	
	携帯充電電力	小型発電機	
	社内電話電力	小型発電機	
	FAX電力	小型発電機	

という。維持点検や訓練は実践的に長時間運転も必要となることを物語っている。

ラジオや懐中電灯は1週間使用できる程度の乾電池の備蓄、サーバーやＰＣにはＵＰＳ（無停電電源装置）やバッテリー非常電源設備を設置、その他の小電力ニーズは小型発電機を事前対策として準備する必要がある。もし、自家発電設備の設置が難しければ、工場であれば停電が復旧するまで操業中止として従業員は自宅待機にするというように割り切ったＢＣＰを作る会社もある。特に、民間オフィスでサプライチェーンに影響のない部門であれば、無理して業務再開を急ぐ必要はないはずである。東日本大震災で被災経験のある金属加工工場は、震災の経験を生かして新たなＢＣＰを策定した。そこには停電時は「復電するまで操業停止。防災要員以外は自宅待機」が明確に規定されている。その工場の経営者は「震災の洗礼を受けたことで、覚悟ができた」という。「長期停電時は、じたばたしても始まらない」「それに地域全体が被災しているのに自分の工場だけしゃにむに操業したら申し訳ない」ともいう。災害経験者らしい吹っ切れた考え方である。

図10

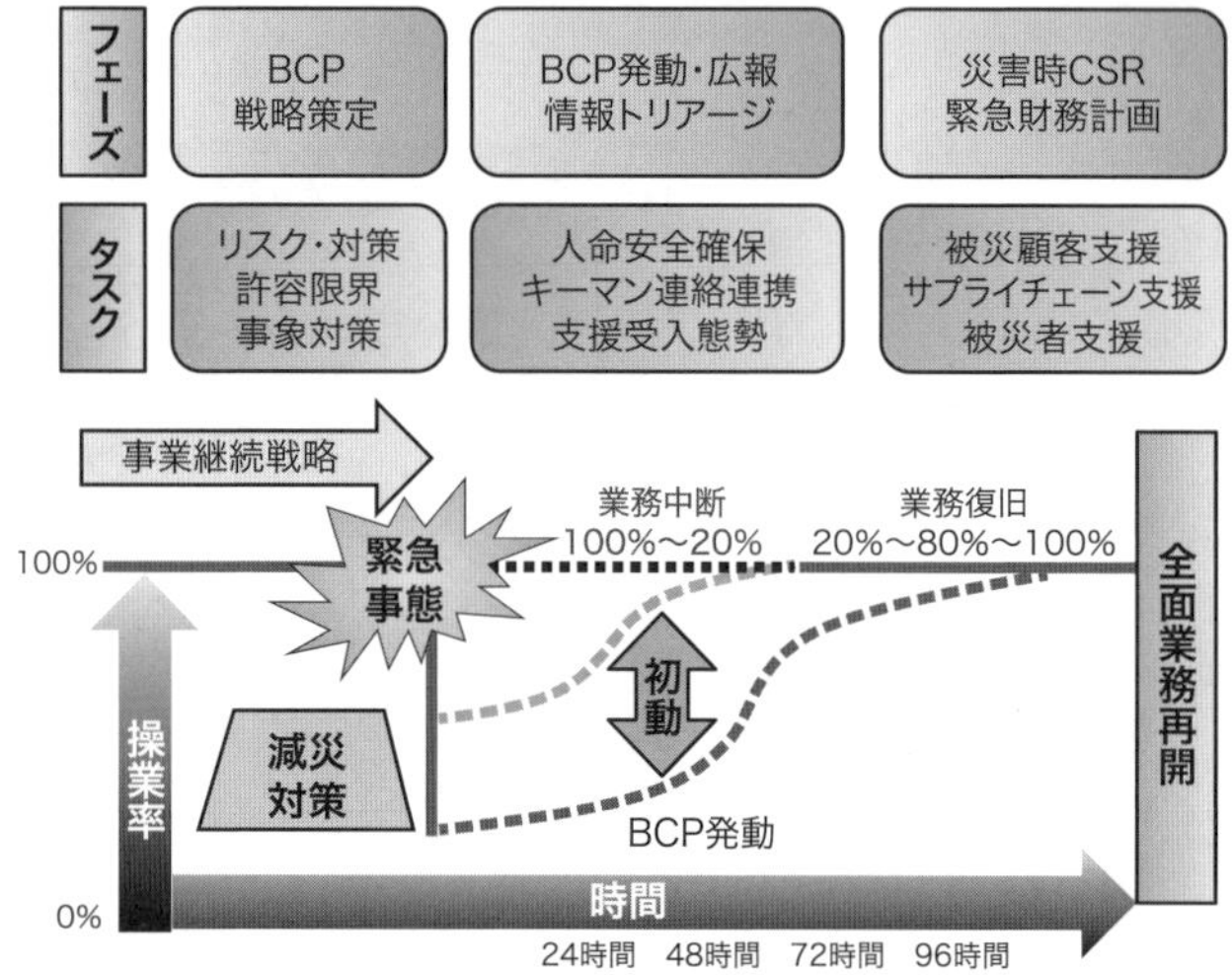

図10に掲げるイメージは、操業率と時間軸を元にして、フェーズとタスクに分けて事前に行うＢＣＰ戦略・リスクや対策の許容限界を精査する。それに基づき事前の減災対策を実行。発災後、人命安全確保、キーマ

ンとの連絡連携、支援要請などを行うも一時的に業務は中断する。ＢＣＰ発動後、時系列の緊急・応急対応から復旧・復興へと推移する流れをフローチャートに落とし込むことがスマート防災ＢＣＰである。特に発災後は、図11のように、目標（目的）、手段、行動が時間経過とともにドラスティックに変化する。変化するということは、優先順位が変わるということである。自社の社員とサプライチェーンに関わる関係企業が変化するニーズ、シーズをリアルタイムに共有できるように、パスワード付き災害情報Ｗｅｂなどによる共用ツール構築が必要である。

図11　時系列で変化する、目標・手段・行動（例）

時系列	Goal（目標）	Means（手段）	Action（行動）
発災時	死傷者ゼロ	安全ゾーン退避	命を守る行動
0.5時間	逃げ遅れゼロ	プッシュ、申告	緊急応急対応
12時間	二次災害ゼロ	点検・応急作業	迅速安否確認
24時間	BCP活動開始	キーマンとの連絡	情報収集集約
48時間	再開準備完了	広域支援受入	リソース・リカバリ
72時間	早期業務再開	総力戦	主要業務30%

⑸　分厚いマニュアルより、キーマンをつなぐ緊急連絡隊

東日本大震災は２０１１年３月だったが、その前年２０１０年はチリ地震津波発生50周年の節目の年だった。その意味もあってか、震災の２～３年前からチリ地震で大きな被害を出した東北地方で講演を頼まれる頻度が多かった。そのときもある燃料卸元からの依頼で盛岡と仙台で講演した。

東京に戻るのを待っていたように、講演を聞いたという人が訪ねてきた。東北三県で手広く燃料販売している従業員２５０人を抱えるA社の経営者だった。取引銀行から、向こう30年間の発生確率99％といわれる宮城県沖地震に備え、ＢＣＰを作った方が良いと言われ、アドバイスしてほしいということだった。その社長が言うには「私の会社は取引先もみんな中小企業なので、大企業のような分厚いマニュアルを作っても役に立たないし、従業員も読まないと思う。そこで、講演の中でおっしゃった身の丈に合っ

たマニュアルを作りたい」というのである。そこで私は三つの基本方針を提案した。

① 大地震が発生しても、社員、家族、お客様が死なないようにする。

② 大地震発生時、広域連携ができるようにする。

③ 大地震発生時、必要なキーマンと迅速に連絡が取れるようにする。

この提案に社長も賛同し、さっそく具体的なマニュアル作りに取り掛かった。「社員、家族、お客様が死なないようにする」ために、建物の耐震診断を行い多少損傷しても倒壊しないように補強し、非常電源設備を設置した。ガソリンスタンドは災害対応型として屋根にはソーラーパネルが設置された。そして、大地震発生時の行動選択訓練マニュアルを作り、研修と訓練を指導した。また、広域連携できるようにと、仕入れ先や離れた地域の同業者と「災害時相互協力協定」を結んだ。これらのことは、どこの企業でもすでにやっていることである。ポイントは③の「大地震発生時に必要なキーマンと連絡が取れるようにする」ことだった。この会社は仙台が本社で支店などが東北三県に約20か所、系列のガソリンスタンドが数十か所あった。お客様は社長の言うように個人や中小企業ばかり約3500件。中でも大口の取引先が150件あるという。

災害が発生すると、会社と会社の電話、FAX、メールなども通じにくくなってしまう。それでは、いざというときに仕入先やお客様のキーマンと連絡が取れなくなる。そこで、作ったのは「緊急連絡隊」である。本社だけでなく拠点や支店などから16人を選抜してもらった。緊急時に連絡が取れるのは個人の携帯電話かスマホである。そうした端末で災害時に連絡を取ろうとしても一人でそれをやると、返信がそこへ殺到すると対応不能となってしまう。そこで16人に分担して対応してもらうことにした。そこからが少し大変だった。緊急時に会社側から連絡を取る必要のあるキーマンを仕入先関係、お客様関係、社員関係から割り出し3つに分類して緊急メールアドレスリストを作ることにした。個人情報の覚書と誓約書を作り、キーマンのアドレスを教えてもらった。最初は渋っていた人も、大地震のときにきっと必要になると説得すると同意してくれた。それでもメールアドレスは教えられないという人もいたが、そういう人は携帯の電話番号だけ伺いショートメッセージサービス（ＳＭＳ）で連絡が取れるように準備した。大地震発生時は、携帯電話の音声もメールも通じにくくなるか、うんともすんとも言わなくなることもある。ただし、これまでの経験やデータによると、発災直後だけは比較的連絡が取りやすいことがわかっていた。そこで、大地震発生時にブロックごとに一斉配信の文面なども予め連絡隊の携帯電話に入れ込んでおくことにした。事前連絡の後、一度だけ緊急配信訓練を実施したが、平時の通信状態だったので特に問題なく配信することができた。

しかし、災害発生時に、どこまでスムーズにいくかは未知数だった。その訓練の約半年後に東日本大震災（3・11）が発生するのである。3・11のとき、私は大阪府堺市で講演していたので、彼らがどんな対応ができたかは後から教えてもらった。震災発生後、緊急連絡隊は訓練通り迅速に動いたと聞いてほっとした。状況を把握し、いくつか準備してあったメッセージのうちから適切なものを選んで一斉配信を行ったそうだ。いっぺんでかからない地域もあったが、大部分が地震発生後15分以内に配信に成功している。災害直後は、直接被災していない限り携帯やスマホの通信回線はかなり使えるが、それでも発災から20〜30分過ぎるとほとんどかからないか、かかりにくくなる。15分以内に連絡できるかどうかが成否を分けると思っていた。

お客様には「震災お見舞い申し上げます。お怪我はありませんか。津波の危険が迫っています。海岸付近は高台に避難してください。弊社は仙台の本社が機能しています。お困りごとがありましたら、何なりとお申し付けください。大変なことになりましたが、ここが踏ん張りどころです。力を合わせて一緒にがんばりましょう」と。このメールをもらったお客様は泣いたという。「もうこれで終わりだと思った。ぼうっとしているとき、このメールをもらった。そして勇気をもらった。災害なんかに負けてたまるかと思った」と後で教えてくれたそうである。そして、続々と返信が届いた。「配管が損傷している、修理お願いします」「手術中ですが発電機が心配です。燃料の補給お願いします」などなど。

こうした災害時は、従業員がお客様のところを回って設備の損傷状況などを点検することになっていたが、お客様の方から連絡をもらい、優先順位を決めて、効率良く対応していった。また、仕入先には「わが社はこの地震で一部被災しました。しかし、仙台の本社は機能しています。従業員も頑張っています。この先連絡が取りにくいと思いますが、そちら様の判断で、人、モノのご支援をお願いします。不明の点はこのメールに返信してください」と。

全国の広域連携先や仕入れ先が直ちに反応し行動を起こしてくれた。続々とタンクローリーが仙台をめざし、広域連携チームの支援要員同士が互いに連絡を取り合いその日のうちに出立したのである。この素早い対応のお蔭で、燃料不足に陥った地域の病院や避難場所へ十分とは言えないまでも供給することができ、たくさんの人から感謝されたそうである。「あの会社はいざというとき、役に立つ会社だ」「あのときの恩は忘れることはできない」など評判となり、現在A社の売り上げは震災前の約3倍になったという。それもこれも災害直後にキーマンと連絡が取れたからである。この会社の社長がアドバイスを依頼するとき私に言った「分厚いマニュアルより、いざというとき役立つ身の丈に合ったマニュアルを作りたい」の言葉を思い出す。中小企業で大切なのは、分厚いマニュアルではない。いざというとき、連絡を取りたいキーマンと連絡が取れること。それがスマート防災なのである。

⑹ 想定リスクを峻別し、コスト・対策・ダメージの許容限界設定

東日本大震災後、震災関連倒産を見てみると、リーマンショックなどで企業の基礎体力が消耗していると

きに、災害というアクシデントによって支えきれなかった哀しい中小企業の実像が浮かび上がってくる。倒産の引き金となったのは、直接地震や津波によってダメージを負ったのではなく、取引先・仕入先の被災による販路縮小や製品・原材料・資材の入手不足、受注のキャンセルなどが影響した間接型倒産である。自社の経営ミスではなく、シビアアクシデントによる玉突き倒産ともいえる。

東日本大震災は、阪神・淡路大震災が正式には兵庫県南部地震と言われるような「局所的単独災害」ではなく、福島第一原子力発電所事故を含む過去に類を見ない「広域複合大災害」であった。BCP（事業継続計画）における、サプライチェーンへの影響が極めて広範囲であって、阪神・淡路大震災を教訓にして策定したBCPの災害想定をはるかに超えた規模と広がりであった。最初のボタンが掛け違ったことで緊急対応や復興対応がスムーズにいかない企業が続出した。これは中小企業だけではなく、これは全産業に通じることだが、小さな災害は備えなくても何とかなる。災害に備えたBCP作成の大前提となるのは、局所的災害に備えるのではなく広域複合大災害に備えることなのである。

つまり、企業防災の第一歩はリスクの割愛。すべての災害に備えることは費用対効果から考えても決して合理的ではない。企業の立地状況、地勢的条件、業容、業態、規模などを勘案し、このリスクは想定リスクとする、このリスクは割愛するというリスクの峻別が必要である。ほかの項でも述べたが、小さな災害は備えなくても何とかなる。災害に備えるということは通常のルーチンでは対応できない大規模災害に備えることなのだ。例えばBCPの地震想定だが、震度5強は割愛し震度6弱以上を想定リスクとするのである。つまり、自社にさほど大きなダメージを与える可能性の低い災害は割愛すればいいのだ。その上でコスト、対策、ダメージの許容限界を見極めることが経営者の使命と責任である。

下世話な言葉で言えば「企業は稼いでナンボ」の世界である。決してボランティアでもなければきれいごとでもない。甚大な被害を受け被災し倒産しないまでも業務停止に追い込まれれば、結果として取引先などに「間接倒産」や「連鎖倒産」を引き起こすことになりかねない。また、そのときの対応で失った信用は取り返せなくなる可能性もある。すべての災害に備えることはできないし、すべてのリスクに際限なくコストをかけることも、対策することもできない。防災対策は企業にとって必須事業の一つである。余裕が出てから対策するのではない、余裕がなくても対策しなければ震災関連倒産は免れない。だからこそ一定のダメージは覚悟して割愛しリスクの峻別を行い、自社の規模、業態、業容、体力に合わせ、背伸びせず、身の丈に合ったコスト、対策など、対応可能な許容限界を設定することから始めるべきである。何をしても無駄などと決してあきらめてはいけない。大災害に怯んではいけない。災害が起きても長期業務を停止せず、継続できるように準備しておくことが社会への企業責任なのである。

(7) BCPからCCPへ

企業の品格は社会全体が常に見守っている。ネット社会では経営者や社員の不始末はブログやソーシャルネットワークがビビットに反応・炎上し直接業績に影響する時代である。特に、大規模災害発生時、被災してもしなくても企業が何をしたか、しなかったかが問われている。

例えば東京都港区にある六本木ヒルズの場合、再開発される前は木造住宅を中心とした低層建物約５００世帯が暮らす密集地域であった。細い路地が広がり消防自動車も入れない場所も多く、俗にいう木造密集地域であった。計画立案後バブル崩壊や反対派住民による抵抗等の紆余曲折を経て、２００８年3月竣工までに約17年の歳月を要した商業施設である。地上54階、地下6階、塔屋2階、地上高さ２３８ｍで東京タワーと並んで東京のランドマークとなった。用途はオフィス、店舗、共同住宅、ホテル、美術館、映画館、テレビスタジオ、学校、寺院、駐車場などを備えたビジネス、商業、住いを合体させた自己完結型の街が出現した。住まいとして住んでいる世帯は総戸数８３７戸（うち賃貸戸数５１７戸）、駐車台数１０７３台という諸元である。

この六本木ヒルズは、特に防災に力を入れているビル（街）である。耐震設備としては、阪神・淡路大震災クラスの大地震が発生しても、建物に損傷を与えないような耐震設計が施されていて、地震や災害時に逃げだす街ではなく「逃げ込める街」を目指して様々な技術や工夫がなされている。耐震対策としてオイルダンパーがある。これはオイルが移動するときの抵抗力で建物の揺れを吸収する仕組みのセミアクティブ型ダンパー（主に運動エネルギーを減衰させるもの）が建物内に３５６か所に組込まれている。もう一つ「アンボンドブレース」もオイルダンパーに似た形状だが、こちらは地震の揺れを受けたときにわざと鋼材を伸縮させることで揺れのエネルギーを逃がすという構造体の一つで、１９２か所に設置されている。東日本大震災発生時にもこれらの装置が働いたことにより最上階においても片幅約25㎝の揺れ幅で済んで51階のレストランでは食器も落下しなかったそうである。

六本木ヒルズ地区内には非常時の飲用水・トイレ洗浄水及び消防用水等を確保するための災害用井戸が各施設13か所に設置され、非常用発電システム、非常用食料等も備蓄されている。備蓄倉庫には非常食10万食、飲料水、簡易トイレ、毛布、薬、救助用品、復興用備品、赤ちゃんのための紙おむつや粉ミルクなども用意されている。東日本大震災時もテナントや帰宅困難者のために約１５００人分の食料などを配布している。六本木ヒルズには約２万人が就業し、約２０００人の居住者がいる。そのほかに瞬間滞在者数は3～4万人程度に上る。

そのため、ハード面だけでなくソフト面の防災対策にも力を入れている。六本木ヒルズでは、震度5強以上の地震が発生すると、自動的に災害時組織体制に移行し、社員全員が通常業務以外に割り当てられているテナントの状況確認、復旧作業などの災害時役割を遂行することになる。２０１１年3月11日午後2時56分の東日本大震災発生後の午後3時8分には通常業務をストップし災害時組織体制に移行した。ヒルズの社員でも防災要員は近隣２・５km圏内に約２００戸の防災社宅があり、災害発生時や昼夜を問わず駆け付けることになっている。さらに災害時の情報収集を迅速に行うため「災害ポータルシステム」が整備されている。この災害ポータルシステムは施設や人の被害状況を瞬時に確認するシステムで、東日本大震災時、固定電話や携帯電話がつながりにくい中で独自のネットワークにより短時間で対応できたという。

災害時の課題は常に停電対策である。特に外資系企業誘致には安定電源供給が求められるため、多重バックアップシステムで電源供給を可能としている。通常時は都市ガス（中圧ガス）を利用したガスタービン発電機で電気を供給し、万一の故障またはガス供給停止の場合は東京電力からの供給に自動切り替え装置が設置されている。

このような災害対策に万全を期し、ヒルズの入居者等の他に帰宅困難者約５０００人を受け入れ、災害時の社会貢献計画も建てられている。企業たるもの、かくありたいものである。

従来、企業防災イコールＢＣＰ（Business Continuity Plan・事業継続計画）というイメージであった。しかし、自社とそのグループによるサプライチェーンだけで復旧復興を遂げようとしても、基本的には電気、水道、ガス、通信、道路、鉄道などの社会インフラが復旧しない限り現実的に業務再開は不可能である。そこで、災害時はインフラが復旧しない限り業務再開できないと腹をくくって、その間はできる範囲で行政や地域企業と連携し被災者地・被災者支援など、災害時社会貢献を優先することが重要である。当然、インフラ復旧時には迅速に業務再開が図れるようにＢＣＰ発動と同時進行で臨む準備とマニュアルが必要。このように地域コミュニティとの連携を推進する企業が増えてきている。これからはＢＣＰからＣＣＰ（Community Continuity Plan・地域コミュニティ連携事業継続計画）への移行が望まれている。

⑻　災害時における企業の社会貢献

①　避難場所に積まれた企業のビール瓶

阪神・淡路大震災発生後、気付いたことがあった。それは、どこの避難場所に行っても、ビール瓶がケースごと山と積まれている不思議な光景であった。キリンビールは地震発生直後、被害の甚大さに驚き近くにある京都工場などに緊急の指示を出した。「生産ラインを停止しすべてのビンに飲料水を詰め、少しでも早く避難所に届けよ」というものであった。キリンビールから水が届いたことを知って、水不足にあえいでいた避難者たちから一斉に歓声が上がったそうである。そして、近寄ってみるとケースにはコピーの紙が貼られていた。そこには「これは○○工場で1月18日に造られた飲料水です。一緒にがんばりましょう」と書かれていた。そのコピーを見た人たちは涙を流したそうである。その後、キリンビールの本社、工場、お店に感謝の手紙やＦＡＸが続々と届いて、社員たちを逆に感動させたという。その手紙やＦＡＸはコピーされたりして社内に回覧されると、沈滞ムードにあった社員たちの士気が一気に上がったとのこと。「情は人のためならず」である。

②　工場の復旧・復興の前にやることがある

新潟県中越沖地震（２００７年）のときにも似たような経験をした。柏崎は震度6強の強い揺れに襲われ、多くの建物が倒壊・損壊していた。当日の午後から現地を回ったが、豪雪に耐えてきた１００年以上の古い建物や土蔵までもが崩壊していた。住宅だけでなく商店や工場にも甚大な被害をもたらせていた。特に道路が寸断され流通が混乱していた。

柏崎には株式会社ブルボンという洋菓子の本社工場がある。工場は市内にいくつかあったが、いずれも強い揺れで工場施設や生産ライン等が損壊し多大なダメージを受けていた。工場の外壁が大きく崩れ落ちていた。地震が発生した7月16日(月)は海の日で休日だったが、会社の一大事と多くの社員が駆けつけてきた。そのとき、集まった社員に社長は「今、この非常時にわが社が優先すべきことは工場の片づけや復旧・復興ではない。その前に倉庫にあるミネラルウォーターや菓子類を避難所に届けることである。避難所は約90か所だそうだ。そこには家を失い、水や食糧が無くて困っている人たちがいる。みんなで手分けして届けてほしい」と言ったのである。社員たちは「よし！行こう」とマイカーに助手席まで満載してピストン輸送で避難所に水、ジュース、菓子類を届けた。

私は被災地を回って三日目に許可をもらって避難所の取材に入った。ブルボンのそうした行為を知らなかったので、多数の被災者でごった返す柏崎小学校に行って被災者にインタビューをした。「最初は水も食料も無くて大変だったですね」と質問すると、乳飲み子を抱えた若いお母さんは「そうじゃないんです。地震当日のお昼過ぎにブルボンからお菓子とお水がどっさり届けられたんです」「あのお菓子とお水で親子三人命をつなぐことができました」というのです。そして最後に「柏崎にブルボンがあってよかった……」と涙を浮かべながら話してくれたのである。ブルボンはその後も、NPO法人に協力してコミュニティーセンターでの炊き出し作業の人的協力や、仮設住宅に入居されている全戸を訪問しギフト商品を届けたりしている。

ブルボンは1924年（大正13年）に創業された会社である。創業者である吉田吉造氏は、前年の関東大震災の影響により地方への菓子供給が全面ストップした窮状を見て「地方にも菓子の量産工場を」と決意し、新潟県柏崎駅前で創業したのである。同社は「利害相反する人を含めて、集団の生存性を高める」という企業理念のもと、新潟豪雨、阪神淡路大震災、新潟県中越地震、スマトラ沖地震、能登半島沖地震、新潟県中越沖地震、中国・四川汶川地震、岩手・宮城内陸地震、ハイチ大地震、中国・青海玉樹地震、東日本大震災など多くの被災地へ救助物資や義援金をお贈りするなど被災地の復旧に協力してきた会社である。創業者のスピリットと「おとこのロマン」が今も脈々と受け継がれている。「柏崎にブルボンがあって良かった」と言われるほど、この会社の地域と共に生きるという姿勢こそ災害列島日本における企業の作法ではなかろうか。

⑼　燃料枯渇に備える、2分の1給油ルール

東日本大震災で困ったのはガソリンなどの燃料不足であった。被災地周辺ではガソリンスタンドまでの道路に給油を待つ車が夜通し長い列を作っていた。給油が始まっても1台10ℓ等の制限給油で、また後列に並ばなければならなかった。雪の積もる極寒の中、車の中で体調を崩した人も多かった。ガスを燃料とするタクシーは動けたが、ガソリン、軽油、重油を燃料とする車はあちこちで立ち往生したり動けなくなったりした車も多かった。阪神・淡路大震災直後も似たような光景を見たが、局所的災害だったため道路が通行できるようになってすぐに復旧した。しかし、東日本大震災は広域災害だったため燃料不足が完全に解消するまでに約半月を要した。今後の災害でも燃料不足は起る可能性がある。そこで企業の災害時の燃料対策として、社用車の半数を災害時でも比較的入手しやすいLPガスを燃料とするガス車に代えたところもある。また、非常用発電機はガスタービン発電機にしたところもある。一般でもできる災害時の燃料対策として、私が提唱しているのが「車の燃料2分の1給油ルール」である。つまり、社用車でもマイカーでもフューエルゲージ（燃料計）が半分を指したらすぐに給油するというルールである。フューエルゲージがぎりぎり0に近く

なるまで乗っている車はいざというとき役に立たなくなる。すこし煩雑になるかもしれないが、防災とはひと手間かけることである。大きな安全は、少しの手間を惜しまない者に与えられるのである。

第七章

ドローンで防災革命

1 そもそもドローンとは?

ドローンDrone(英)とは、オスのミツバチを指す言葉で、一般的には無人航空機のことをいう。しかし、軍事関係者がドローンといえば無人標的機を指す言葉だった。標的機(ターゲットドローン)とは対空射撃訓練の「的」となる無人飛行機のことである。第一次世界大戦後に開発された標的機「英国DH.82B QUEEN BEE(女王蜂)にちなんで、Drone(雄蜂)と呼ばれるようになった。また、飛行中に蜂が飛ぶときに発するうなるような低い羽音を表す言葉からともいわれる。

今のドローンは、無人攻撃機(1995年~RQ−1プレデターなど)、無人偵察機(2004年~RQ−4・グローバルフォークなど)、爆発物処理用無人小型機(2005年~垂直離着陸型・RQ−16・T−ホーク)など、軍事用無人機の技術から転用され、民間用の無人機ドローンの普及が始まった。無人標的機と区別するために標的機以外をUAV(Unmanned Aerial Vehicle)と呼ぶ。UAVは、自らの位置、進路、姿勢を自らが把握して自律的に操縦操作を行える機体を意味する。しかし、自律行動が可能であっても万一のトラブルなどに備えて遠隔操作を可能にしている。元々遠隔操作しかできない無人の航空機も存在することから、それらをひっくるめて遠隔操縦航空機RPA(Remotely Piloted Aircraft)と呼んだりもする。日本でも一般的にドローンとかUAVと呼んでいるが、UAVとは主に機体(無人航空機)を表している。その機体に周辺機器、機材などを組み合わせたシステム全体をUAS(Unmanned Aerial System)と呼ぶこともある。

ひと口にドローンといってもその形は様々。ヘリコプター型、飛行船型などがあるが、防災用などで使用されるのはマルチコプターが主流。マルチコプターでもローター(翼)の数で名称が異なる。クワッドコプターのクワッドはローターが4つ、ヘキサコプターなら6つ、オクタコプターは8つとなり、それらを総称してマルチコプターと呼ぶ。

基本的な仕組みはラジコンヘリと同じだが、ラジコンは「飛ばす」こと自体を楽しむのに対し、ドローンは飛行中に何らかの作業を行うことを主目的としている。GPSなどで目標地点を登録しておけば自力で目的地まで飛行することができるのもラジコンより性能的に優れている。最近は専用コントローラーではなく、iPhoneやiPadにアプリをインストールして操作する機種もあり、空撮などの趣味用を中心に世界で月に3万台以上のペースで増え続けている(2015年5月)という試算もある。

述べてきたように、ドローンの開発は当所軍事目的から始まった。対テロ戦争を始めたアメリカブッシュ政権は、戦闘用無人機をアフガニスタンに投入した。兵士犠牲を恐れるオバマ政権下で、米軍の無人機の技術開発と依存度が飛躍的に高まった。現在では米空軍の機体の30%がドローンといわれ、今後開発される戦闘機は主にドローンになるとされている。ISIS(自称イスラム国)との戦いが続いているトルコ国境地帯。そこでは1台1500ドル(約18万円)程度のドローンが毎日50機以上隣国シリアに向けて飛び立ち、孤立した難民に空から医薬品と食料を届けている。航空機やヘリコプターに比べコストとリスクを減らすドローンは、今や戦場の物言わぬ英雄(サイレントヒーロー)ともいわれている。

日本でも超高濃度の放射能に汚染された福島第一原子力発電所では、放射線量のモニタリング機器を搭載した自律制御システム研究所(千葉県)のドローンが5号機の建屋内部への侵入に成功し、放射線量を測定しながら撮影映像を送ることに成功している。

オランダのデルフト工科大学が取り組んでいるのは、心臓にショックを与えて救命する自動体外除細動器

（ＡＥＤ）を積んだ救急ドローンの研究である。市街地やオフィス街などはＡＥＤが普及しているが、山中や広い公園などのＡＥＤ設置率は低い。心停止から数分で死亡率が50％を超える緊急事態に、空から救急ドローンが駆けつければ救われる命が格段に増えると期待されている。ドローンが民需として急成長しているのは、ＧＰＳやモーター制御システムの精度向上とともに、映像・撮影技術が進んだことも背景にある。映像の圧縮、カメラ性能、ジンバル（カメラ映像が揺れない、ブレを防ぐ技術）、スマートフォンやＷｉ-Ｆｉ活用のプログラム化、自動航行プログラム、部品の小型化などが組み合わされ、この10年間で様々な分野で利活用され始め、毎年前年比１５０～２００％と経済規模が急増してきている。

戦場における軍事力としてだけでなく、危険な送電線の点検、ドローン宅配などのビジネス、人道支援、防災対策など限りない可能性を秘めたドローン。世界は今、良くも悪くも地球規模でドローン時代到来に直面している。

2　災害現場で見たドローン

(1)　人を助けるドローンは美しい

海外で大規模災害が発生すると、救助活動が一段落するであろう5日目を目安に現地調査に行くことにしている。２０１５年４月25日11時56分（現地時間）、ネパールで地震発生（Ｍ７・８）の一報が入った。このときも5日目に現地に入った。首都カトマンズはヒマラヤ山脈の麓にあり約８０００年前までは湖だったといわれる盆地都市である。地盤の影響もあってか、世界遺産など歴史的建造物や鉄筋、鉄骨の建物などが多数崩壊し、レンガ積みの建物は文字通り崩れ落ちていた。日本の国際緊急援助隊（救助チーム70名）をはじめ世界各国から救助隊が駆けつけ、５日目にしてまだ懸命に救助が続けられている最中であった。約８８００人という犠牲者の多くは倒壊建物の下敷きによる圧死又は窒息死であった。建物が倒壊し、折り重なったダウンタウンの狭い道路や密集地の被災状況把握は困難を極めた。そのとき、被災情報収集に活躍したのがドローンだった（**写真20**）。ネパール警察やメディアが手配したドローンが上空から空撮した映像で、効率よく捜索救助活動ができたという。

特に欧米の救助隊は、ドローン先進国として面目躍如の働きを見せつけた。彼らは地震発生直後、ドローン先行隊を先着させ、ドローンで主な被災地を空撮してマッピングし救助隊同士で情報を共有し、被災状況と周辺環境を早い段階で把握し、救助隊投入地点をピンポイントで特定し捜索効率を格段に向上させた。一部では実験を兼ね、バイタルサインセンサー（生体反応）が確認できるサーマルカメラ搭載ドローンを飛ばしたチームもあった。また、その後の孤立地帯等への支援物資搬送でもドローンが活躍している。ドローンの人道的活用を支援している団体であるヒューマニタリアンＵＡＶネットワークによれば、カナダのドローンメーカーであるエリヨン・ラボ、災害支援組織のグローバル・メディック、米国のスカイキャッチ、英国のＮＧＯ団体サーブ・オンなどの企業や団体の少なくとも９つの支援組織がドローンを活用しネパール地震被災地の支援にあたっているという。

写真20　被害状況確認にドローンが活躍（2015年ネパール地震・カトマンズ）

私は約50年間、内外の災害現場を回ってきたが、これほど多くのドローンが活躍した現場を見たのは初めてでカルチャーショックを受けた。欧米の救助隊員とも話したが、彼らもこれだけドローンが活用できた現場は初めてだと言っていた。

雪を頂くヒマラヤを背景に、カトマンズの市街地や山間地の上空を軽やかに飛ぶドローンを眺めながら、ついに防災ドローン時代がやってきたと確信した。軍事用ドローンは人を殺す悪魔だが、人を守るために飛ぶドローンの姿は美しい。空の産業革命といわれるドローンが捜索・救助活動や災害後の孤立対策・救援物資搬送に利活用されるようになれば、きっと防災革命が起きるという予感にしびれた。被災者や行方不明者の家族たちが祈るように見つめるドローン。青空の残る夕暮れの中、人々の願いを一身に背負い緑とオレンジ色のランプを点滅させ遠く高く飛行しながら鮮明な画像を送り続けるドローンに目頭が熱くなった。

一方で傍若無人のドローンも見受けられた。ネパールではまだドローン飛行規制が整備されていないため、メディアなどが無節操にドローンを持ち込んで取材などに当たっていたが、一部では墜落するものもあった。住宅街や人の密集地域などであれば大事故になる危険性のある所でもドローンが飛んでいた。貴重な文化財の中庭に墜落したドローンもあった。前述のヒューマニタリアンUAVネットワークは、こうした状況を憂慮し自主的なルール「コード・オブ・コンタクト」をまとめ、「50時間のフライト経験を持たないものは、外部で飛行を行わない」などと定めている。しかし、多くのジャーナリストたちはこうしたルールそのものを知らない。命を助けるドローンの雄姿は美しいが、そこにも最低限のマナーが必要となる。

(2) 決壊現場のドローン

2015年9月9日～12日にかけて台風18号に伴う豪雨（線状降水帯）は、関東、東北で61の河川氾濫などの甚大被害をもたらせた。主なものでも14河川19か所が決壊し広範囲が浸水した。特に茨城県常総市の鬼怒川、宮城県大崎市の渋井川の決壊要因は本流の利根川、多田川の水位上昇によって引き起こされたバックウォーター現象によるものされている。もし、バックウォーター現象によるとしても、なぜその場所、その堤防が決壊したのか、今後の検証・分析・再発防止対策が求められている。２０１５年9月16日現在の犠牲者数は、宮城県２人、栃木県３人、茨城県３人の計８人（総務省消防庁）。今回の豪雨災害で特筆すべきは、自衛隊や消防などのヘリコプターで救助された人が１３４３人にも上ったことである。さらに地上部隊によって３１２８人が救助された。これが夜間の決壊であったらこれほど迅速に救助されなかった可能性が高い。

翌日から３日間鬼怒川決壊現場周辺の現地調査に入った。約40㎢が浸水した常総市では、まるで東日本大震災の津波現場を見ているような既視感を覚えるほどであった、このときに活躍したのもドローンである。

国土地理院は決壊当日から数回にわたり現場にドローン（写真21）を投入、鬼怒川の決壊現場などの状況把握に努めた。ドローンが超低空から空撮した決壊現場の映像は鮮明であるだけでなく、テレビ局がヘリコプターで上空から撮影して放映される映像とは全く迫力が違っていた。全体に鮮明でかつ濁流の流れ込む様子や市街地に向かって濁流の広がり状況等も一目瞭然となっていて、ヘリコプターによる映像とドローン映像の違いは歴然としていた。ドローンによる撮影は被写体に超低空から接近できる強みがある。だから、映像が鮮明であるだけでなく、ズームや広角などを組合せてきめ細かい情報を得ることができる。特に上流からの流速、決壊幅、流量、土砂の混入状況など詳細データが災害直後に確実に把握することができたのである。それによって、堤防応急復旧計画、排水作業工程立案などに役立ったという。濁流の流速・流量状況から、３４００万㎥、東京ドーム27杯分の濁流がどの方向に流入し拡散していったかという被災状況の定量化が図ら

写真21　国土地理院が飛ばしたドローン（UAV）

れ、必要となる排水ポンプ車の種類や必要台数などの応急対応や、堤防の閉め切り方法やタイミング、応急復旧などを迅速に計画することができた。

3 ドローン防災協定

(1) ドローン防災協定と規制特例

日本は欧米に比べて、ドローンの普及や利活用についてはいまだ発展途上国である。しかし、いったん方向性が決まると急速に普及・発展させることの出来る国である。ドローンは空の産業革命といわれていて、技術や活用範囲は超速で進化し続けている。逆に国などの規制や支援策がすべて後追い状態にあると言っても過言ではない。これからの防災に必要なのはさらなる技術革新（イノベーション）である。昨今は人類を脅かすほど災害が多様化し過酷化している。対策が後追いでは多くの命を守ることはできない。今ある技術をフルに利活用すると共に、防災革命を起こすような新技術の開発など斬新な技術革新と、それを引き出すための規制緩和が不可欠である。既存システムを新知見や新技術に改善し対応させることをバックフィットという。自治体、企業、地域などの社会全体がバックフィットを積極的に推進することが、結果としてイノベーションの背中を押すことになる。命を守る防災革命は、防災イノベーションから始まる。防災ドローンやマッピング技術などのイノベーションは我々が今後防災にドローンをいかに使いこなすかにかかっているのである。

２０１５年10月、国土交通省九州地方整備局（福岡市）は、災害現場での情報収集に活用するため、小型無人機「ドローン」を所有する複数の企業と協定を締結すると発表した。10月27日〜11月9日に公募したところ、10社以上から応募があり、同年12月に13社と協定を締結した。

ドローンは人が近づけない場所での撮影や画像解析により、被害の拡大防止や早期復旧につなげることが期待されている。この時点で地方整備局におけるドローン防災協定締結は、中国地方整備局（広島市）に次いで2例目となった。

ドローンはヘリコプターに比べて極めて低コストであり、小回りが利く利点がある。2014年8月に70人以上が死亡した広島市土砂災害では、災害直後に中国地方整備局が建設コンサルタント会社など6社と結んだ協定に基づき、人の登れない斜面をドローンが撮影し、状況把握等に貢献した成功事例もあり、今後全国の整備局でもドローン防災協定が急速に進むことになる。

国だけでなく地方自治体でもドローン防災協定が急ピッチで締結されている。愛知県警は2015年5月、ドローンを使った撮影や測量をする民間企業「マルチコプターラボ」と協定を結んだ。県警によると、協定では災害時に警察が入れない危険地帯が発生した場合、ドローンとオペレーターの派遣を要請できると定めている。同社は約20機のドローンを所有。上空からサーモグラフィーを使って行方不明者を捜索したり、映像を記録したりする。また、重さ10kg程度までならば救援物資なども運べ、夜間や悪天候での飛行も可能という。

奈良県橿原市でも2015年5月、市内のNPO法人「安全安心スカイヘリサポート隊・竜虎」（葛本英治理事長）と、ドローンによる情報収集のための防災協定を締結した。橿原市は「ドローンには機動力があり、災害時の情報収集には有効で、効果的だ」と期待している。協定したNPOはドローンを10機所有し、NPOのメンバーは県警や消防OB、医師、弁護士ら計13人。災害時にドローンを使って情報収集を行うことを目的に4月1日に設立された。メンバーらは2014年11月に行われた橿原市の総合防災訓練でカメラを搭載したドローンを使って倒壊ビルでの要救助者の捜索訓練を実施し、災害時の有効性を確認している。

一方でドローン飛行は落下等の事故の危険やテロなどに悪用される懸念があるため、飛行規制や飛行ルールなどが航空法やガイドラインなどで定められている。しかし、災害対策などでは力強い味方となり有効活用が望まれるので、防災関係機関に対する航空法の特例措置が次のように付加されている。―国、地方公共団体、これらの者の依頼を受けた者が、緊急性があるものとして捜索又は救助の目的で無人航空機を飛行させる場合は、「飛行の禁止空域での飛行の許可」の許可及び承認の規制対象外とする―。

(2) ドローン防災訓練

都道府県や市町村などは、他の地域や先進事例の実績や経過を見てから新しいシステムや新手法を導入するという横並び対応が一般的原則となっていた。しかし、昨今は新知見があればそれをいち早く導入して現状課題を迅速解決・適応させることにきわめて積極的な自治体が増えてきた。それは、従来と比較して社会スピード、技術革新スピードが加速しているからである。例えばパソコンの場合、ＯＳやアプリケーションでも、リニューアルせず数年放置すれば時代に遅れるだけでなく、広域連携にさえ支障をきたすようになってきた。そうした時代ニーズと防災トレンドを先読みし、２０１５年9月に行われた各地の防災訓練ではまだ限定的ではあるがドローンが訓練の目玉として登場してきている。

例えば、吾妻山（福島・山形県境）の火山防災訓練では、火口付近でドローンを飛ばし、噴火災害時における登山客情報収集訓練を行った。また、愛知県県警では逃げ遅れた市民の捜索訓練にドローンが登場し、和歌山県では土砂災害の早期状況確認のためにドローンを使って訓練が行われている。全般的にはまだテスト段階ではあるが、国の法規制をにらみながら、操縦訓練などを進めており、２０１６年以降は各地域でさらに本格的なドローン防災訓練が実施されるはずである。

4　ドローンの関係法令

⑴　ドローンに法令が追いついてない

空の産業革命と呼ばれるドローンの場合、この数年で環境が急速に進化・発展・変化するなど、短期間にドローンを取り巻く状況が激変しており、軍事部門や公的機関だけでなく、民間利用としても新ビジネスモデルが一斉に動き出している。これは日本だけでなく、海外ではさらにスピードアップしていて百花繚乱の体である。情報化時代では、一つの技術革新から生まれるシナジー効果は凄まじいスピードで拡散していく。混乱を防ぐためにもバックフィットとしての法規制も欠かせない。しかし、法律による過剰規制は国際的な経済競争を阻害してしまうおそれがある。かといって放置すればテロなどの不測の事態を助長する危険性も内包する。そこで各国政府は規制措置と共に一定条件をつけた緩和措置を勧めている。

日本でも「無人航空機（ドローン、ラジコン機等）の飛行に関する基本的なルールを定めることを内容とする航空法の一部を改正する法律（平成27年法律第67号）」（以下改正航空法）が２０１５年12月10日付で施行された。併せて国土交通省は「無人航空機に係るガイドライン」などで、ドローンの安全利用を推進している。以下、ガイドラインから抜粋しポイントを紹介する。

⑵　改正航空法

①　ドローンの定義

改正航空法におけるドローンの定義は次のようになっている。

—無人飛行機とは「人が乗ることができない飛行機、回転翼航空機、滑空機、飛行船にあっては、遠隔操作又は自動操縦により飛行させることができるもの」—

とされている。いわゆるドローン（マルチコプター）、ラジコン、農薬撒布用ヘリコプター等が該当する。ただし、マルチコプターやラジコン機等にあっても、重量（機体本体の重量とバッテリーの重量の合計）２００ｇ未満のものは、無人飛行機ではなく「模型飛行機」に分類される。また、航空機から改造されたもの等、無人機であっても航空機に近い構造、性能、能力を有している場合、航空法上の航空機に該当する（可能性）。そのような場合は個別に相談する必要がある。「ゴム動力模型機、重量（機体本体の重量とバッテリーの重量の合計）２００ｇ未満のマルチコプター・ラジコン機」等は航空法上「模型飛行機」として扱われ、無人航空機の飛行に関するルールは適用されず、空港周辺や一定の高度以上の飛行について国土交通大臣の許可等を必要とする規定（99条の2）のみが適用される。

② 飛行禁止空域（図12）

改正航空法に基づく、主な飛行禁止区域と飛行ルールは

図12　無人航空機（ドローン、ラジコン機等）の安全飛行ガイドライン

飛行の禁止区域

有人の航空機に衝突するおそれや、落下した場合に地上の人などに危害を及ぼすおそれが高い空域として、以下の空域で無人航空機を飛行させることは、原則として禁止されています。
これらの空域で無人航空機を飛行させようとする場合には、安全面の措置をした上で国土交通大臣の許可を受ける必要があります。（屋内で飛行させる場合は不要）。なお、自身の私有地であっても以下の（A）～（C）の空域に該当する場合には、国土交通大臣の許可を受ける必要があります。

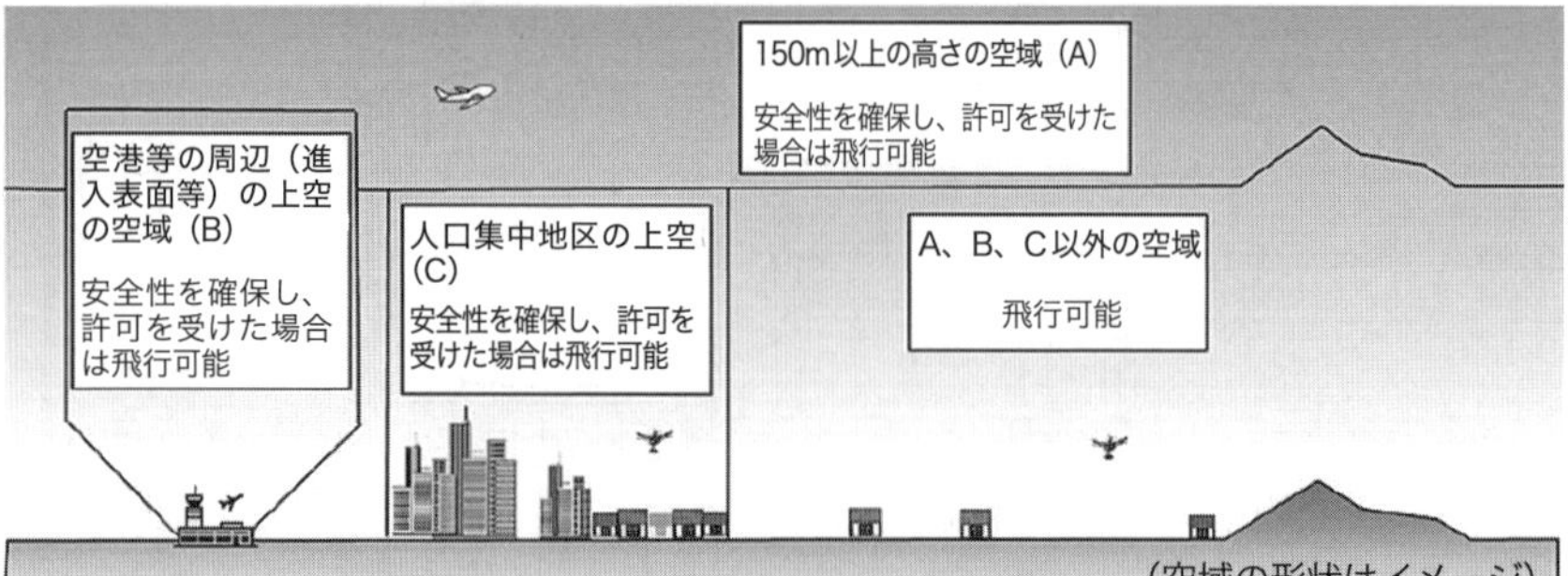

出典）国土交通省

以下の通りである。

（A）　地表又は水面から１５０ｍ以上の高さの空域

※安全性を確保し、許可を受けた場合は飛行可能

（B）　空港等の周辺（進入表面等）の上空の空域

※すべての空港やヘリポート等において空港等から概ね６㎞以内の範囲で進入表面、転移表面及び水平表面が設定されている。（詳細は国土交通省航空局ホームページ参照）

※安全性を確保し、許可を受けた場合は飛行可能

（C）　平成22年の国勢調査の結果による人口集中地区の上空

※人口集中地区とは、１㎢あたりの人口４０００人を超える区域をいう。（人口集中地区に該当するか否かは航空局のホームページで確認できる）

※安全性を確保し、許可を受けた場合は飛行可能

※A、B、C以外の空域は飛行可能

③　ドローン飛行ルール

・日中（日出から日没まで）に飛行させること。

・目視（直接肉眼による）範囲内で無人航空機とその周囲を常時監視して飛行させること。（目視外飛行の例：FPV（First Person View）モニター監視）

・第三者又は第三者の建物、第三者の車両などの物件との間に距離（30ｍ）を保って飛行させること。

・祭礼、縁日など多数の人が集まる催し場所の上空で飛行させないこと。

・爆発物など危険物を輸送しないこと。

・無人航空機から物を投下しないこと。
・日中に目視できる範囲で飛ばす。
※但し、国の許可を受ければ規制を外れる。

④　ドローンを飛行させる場所の注意事項

・原則として空港等の周辺では無人航空機を飛行させない。
・航行中の航空機に衝突する可能性のあるような所では無人航空機を飛行させない。
・第三者の上空では飛行させない。学校、病院等の不特定多数の人が集まる場所の上空では飛行させない。
・高速道路や新幹線等、万一無人航空機が落下し交通に重大な影響が及び、非常に危険な事態に陥ると想定される上空では無人航空機を飛行させない。
・鉄道車両や自動車等は、トンネル等目視の範囲外から突然高速で現れることがあるので、それらの速度と方向を予期して常に距離（30ｍ）を保持して飛行させる。
・高圧線、変電所、電波塔及び無線施設等の施設付近では、十分な距離を保って飛行させる。

⑤　ドローンを飛行させる際の注意事項

・アルコール等を摂取した状態では無人飛行機を飛行させない。
・飛行前には、安全に飛行できる気象状態であるか、機体に損傷や故障はないか、バッテリーの充電や燃料は十分かなど、安全な飛行ができる状態であるか確認する。
・周辺に障害物の無い十分な空間を確保して飛行させる。法令で定められている距離（30ｍ）以上に余裕を持った距離を人や物件からとる。
・無人飛行機の種類によるが、補助者に周囲の監視等してもらいながら飛行させる。

⑥　ドローンに係る常日頃の注意事項

・安全に飛行させることができるよう、メーカーの取扱説明書に従って、定期的に機体の点検・整備を実施し、早めの部品交換など万全の状態を心がける。
・飛行中、突風等により操縦が困難になること、又は予期せぬ機体故障等が発生する場合があるので、不測の事態を想定した操縦練習を行うなど、日ごろから技量保持に努める。
・安全に留意して無人航空機を飛行させても、不測の事態により人の身体や財産に損害を与えてしまう可能性があるので、こうした事態に備えて保険に加入しておくこと。

5　ドローンは、落下（墜落）する

ドローンは空中を飛ぶため、様々な要因で落下する危険性がある。主なものを挙げる。

・コントロールを失えば落ちる。　・電池がなくなれば落ちる。
・強風など悪天候で落ちる。　・何かに接触すると落ちる。
・故障すれば落ちる。　・電波が途絶えると落ちる。

■最近のドローン墜落事故

①　湘南国際マラソン会場・ドローン墜落事件／2014年11月3日

空撮会社の社員がマラソンレースを空撮するために飛ばしたドローンが離陸1分後に墜落。3mの高さだったため大事故には至らなかったが、大会運営の女性スタッフが顔などに軽傷を負った。使用されたドローンはマルチコプターの中でも極めて安定性が高いとされる8枚のプロペラがついたオクトコプター（直径1・3m、重量4kg）。マラソンレースは続行された。

②　琉球新報　ドローン行方不明事件／2015年1月13日

同社写真映像部記者2人が空中撮影用の小型無人機マルチコプター（全長35㎝、重さ約1・5kg）の操作訓練をした際、機体の制御を失い行方が分からなくなったと発表した。新報社によると、1月14日現在、機体は見つかっていない。那覇新港周辺に墜落した可能性があるという。那覇署などによると、けが人は確認されていない。記者1人は半年以上の訓練経験があるが、もう1人は始めたばかりだった。機種はDJI社製クアッドコプターファントム2（Phantom2）。

③　ホワイトハウス・ドローン墜落事件／2015年1月26日

厳重な警戒網をくぐってホワイトハウスの庭にドローンが侵入し墜落。一時騒然となったが、犯人は大統領警護を担当するシークレットサービスの一員だった。自宅マンションから酒に酔った状態で操縦していたところ、誤ってホワイトハウスへと侵入、墜落させてしまったという。当時、オバマ大統領とミシェル夫人はインド外遊中のために不在で、2人の娘も祖母の家に出かけていたために騒動に巻き込まれることはなかったとのこと。悪意はなかったとしても、ホワイトハウスにあっさりとドローンが侵入できてしまったことで世界中に衝撃を与えた。機種はDJI社製クアッドコプターファントム2（Phantom2）。

④　首相官邸・ドローン不時着事件／2015年4月9日

官邸から約200m離れた駐車場から小型カメラ、放射能を示すマークシールのついたプラスティック容器2本（セシウム134とセシウム137が検出された）を載せたドローンを飛ばして、官邸の庭に着陸させようとして誤って屋上に不時着。犯人は福井県小浜市在住の男性（40）が出頭、動機は「官邸サンタ」を名乗る反原発活動の一環という。機種はＤＪＩ社製クアッドコプター ファントム２（Phantom2）。

⑤ **善光寺・御開帳行列 墜落事件／２０１５年５月９日**

７年に一度、御開帳行事が行われる長野県善光寺最大の行事。僧侶ら約８００人の参列者が本堂に向かう途中、近くの石畳にドローンが落下。機体は幅約25㎝×29㎝カメラ付きだった。落下の約１時間半後に、善光寺臨時派出所に15歳少年が出頭し「飛ばしたのは間違いない。操縦を誤って落としてしまった」と申し出た。機種は仏ドローンメーカーＰａｒｒｏｔ社製クアッドコプター。

⑥ **防衛省・試験飛行時一時行方不明事件／２０１５年７月22日**

東京都新宿区の防衛省グラウンドでドローン対策に関する関係者向けの説明会開催中に、実機の試験飛行を実施したところ、ドローンが風に流されて一時的に行方不明となった。約５時間後、北方１・５㎞の地点にある集合住宅（新宿区五軒町）の植え込みで発見された（負傷者なし）。当日22日、23区内には強風注意報が出ていた。ＤＪＩ社製クアッドコプター ファントム２（Phantom2）。

⑦ **姫路城・ドローン墜落事件／２０１５年９月19日**

午前６時15分ころ、姫路城を巡回していた警備員が、大天守６階南面に小型無人機「ドローン」が衝突するのを目撃したという。ドローンは南方向から北方向に向かって水平飛行してきて、その後「バチーン」という衝撃音を上げながら姫路城に衝突した。

これを受けて姫路市は１１０番通報。大天守５階の屋根からは、直径約30㎝のドローンが発見された。姫路城の窓枠の水切り銅板には約１㎝～５㎝程度の擦り傷が５か所ほど見つかっており、ドローンの衝突により傷がついたものとみられている。周辺にドローンを操縦していたような人物はいなかったことから、現時点で所有者・操縦者は分かっていないが、ドローンにはカメラが搭載されていたという。

⑧　自転車レース開始直後のドローン墜落炎上事件／２０１５年9月27日

自転車レース「第5回まえばし赤城山ヒルクライム」に２８３２人が参加。その自転車レースのコースごとに五月雨スタート直後「ドローン」が落下炎上し、スタートが一時中断された。ドローンは前橋市の大会実行委員会が記録用に委託した業者で、群馬県藤岡市の「エア・メディア・サービス」のもの。同社が撮影のため飛行させていたもので幸い負傷者はいなかった。同社によると、ドローンは全長約90㎝、重さ約６㎏の中国製。昨年11月から約60回使用していたが、トラブルはなかったという。当時降っていた弱い雨の影響で電気系統が故障し、コントロール不能となり墜落。バッテリーが破損、引火したことが炎上の原因ではないかとしている。大会に参加していた群馬県沼田市の高校2年生は、「ブーンと飛んでいたのが急に変な音に変わり、すごいスピードで落下し燃えた。会場には人がたくさんいたので危なかった」と話した。一時中断というアクシデントはあったものの、小雨の中２７７８人が完走した。機種はＤＪＩＳ９００・ヘキサコプター（６ローター）とみられる。

⑨　改正航空法施行当日、ドローン墜落事件／２０１５年12月10日

改正航空法施行当日の12月10日午後０時頃、香川県高松市で市内の駐車場に墜落しているドローンが発見された。ドローンを落下させたのは写真店経営の50歳男性。県立高松商業高校の依頼で卒業アルバム用の写真を空撮している最中にドローンを見失い、機体はそのまま墜落してしまったとのこと。男性によると、高松市松島町の公園から離陸した機体は、コントロールを失い約５００ｍ離れた駐車場に落下。発見当時４つあるプロペラのうち一つが破損した状態だったという。この男性は飛行のために国土交通大臣からの許可を受けずに人口密集地域を飛行させたということで、警察は初の改正航空法違反容疑で男性から事情を聴いている。機種はＤＪＩ・ＰＨＡＮＴＯＮ・クアッドコプターとみられる。

6 ドローン保険

現段階では、天候に左右され、短時間のバッテリー寿命、電波状況の不安定、コントローラー故障などの不安要素がいくつもあり、前述のように頻繁に墜落事故を発生させている。そうした問題点も技術革新とともに解決されていくと思われるが、墜落リスクはまだ克服できていない。そのためにも、ドローンを飛行させる場合は慎重に安全配慮しフライト計画とともに、ドローン保険への加入が不可欠である。ドローン保険にはいくつかの種類がある。動産総合保険によるドローンの機体に対する保険。あるいはドローン事故などによって生ずる第三者に対する賠償責任保険などがあるが、現段階でもすでに次のようなドローン保険商品が販売されている。

・三井住友海上火災保険／事業者向けドローン総合保障プラン（DJI社提携プランなど）
・東京海上日動火災保険／事業者向け・産業用ヘリコプター総合保障プラン
・損害保険ジャパン日本興亜／事業者向け　産業用ドローン専用保険「ドローントータルプラン」など。

こうした保険に入るだけでなく、企業や自治体はドローン

ドローンのリスクマネジメント計画

(1)　ドローン運用（委託を含む）計画・マニュアル策定
　①　ドローンリスクアセスメントルール
　②　ドローン機体登録及びパイロット登録規定
　③　ドローンフライトルール
　④　ドローン機材管理表
　⑤　ドローン整備記録
　⑥　フライト計画及びフライト実績記録保存規定
　⑦　ドローン改造禁止ルール
　⑧　ドローン業務委託ルールなど
(2)　事故発生時対応マニュアル
　①　事故発生時の状況報告に必要なエビデンス（天候記録、フライトログの保存など）
　②　機体保証書、登録ナンバー、機体管理表、整備記録保管
　③　メーカー製品は本体カバーを外さない、改造しない
　④　フライト時の撮影データの保存など

のリスクマネジメント計画を立てておく必要がある。

7 空の産業革命、ドローン

(1) 進化するドローンと利活用分野

① 自律型ドローンロボット

スイスのチューリッヒ連邦工科大学の自律システム研究所が、究極の組み合わせロボットを作った。ロボットとドローンをチームとして協働させ、お互いを仮想的につなぎ合わせというもの。クアッドコプター（四翼ドローン）を小さなプラットホームから離陸させると、ロボットは四足で歩きまわって情報を集める。危険箇所に来たら飛行して上空から調査し四足歩行ロボットに情報を提供できるというもの。また、試験段階だが、実用化されると自律型の防災ロボットとして活躍する日が来るかもしれない。

② 郵便配達ドローン

2015年9月、フィンランドの郵便サービス「ポスティ（Posti）」が、首都ヘルシンキと5㎞離れた島にあるスオメンリンナの要塞の間で、ドローンを使った小包配送の4日間のテストを行った。重さ最大3㎏までの小包が配送された。最初の配送は故障もなく飛び立ったが、着陸区域からは少し離れた場所に届いてしまった。ポスティは都市部でメール配送を試みる欧州初の会社。ポスティ上級副社長で小包配送サービス部門の責任者であるユッカ・ローゼンベリ氏は「決まった場所に小包を配送できるようになるまでに、おそらく2、3年くらいはかかるでしょう。法整備が必要になることはもちろんです」と語った。

③ ドローンシティ

２０１５年10月、千葉市は飛行ロボット（ドローン）が都市部で宅配サービスなどを行う「ドローンシティ」の構築計画を発表すると共に、政府の国家戦略特区会議に申請。同市美浜区の幕張新都心内に、ドローン用の発着場（ドローンポート）を設けた46階建ての高層マンションを三井不動産レジデンシャルなどが３棟建設し、近くの集配所からドローンが荷物を届ける仕組み。水辺など人が入れない区域をつなげ、飛行経路を確保する。早ければ２０２０年にもサービスを始める。

④　ドローンで離島へ医療物資配送実証実験

２０１５年９月15日「ドローン」などの小型無人機の空撮などを手がける香川県内の事業者４社は飛行機型の「無人固定翼機」を使って同県観音寺市の離島に医療物資などを配送する実証実験を行った。同市と事業者が進める「瀬戸内かもめプロジェクト」の一環で、無人機による危機管理、物資運搬、遠隔医療が目的。同市と災害時における協力協定を結んでいる「空撮技研」、遠隔医療分野を研究する「メロディ・インターナショナル」、物資輸送の「ＫａｍｏｍｅＡｉｒプロジェクト」と「フジ・インバック」が参加した。実験は、同市の有明グラウンドから約10㎞に位置する伊吹島までを往復ルートに行われた。

無人機の中央下部分に医薬品に見立てた５００ｇの物資（なまり）を搭載して高度約１３０ｍの上空を時速70㎞で島に向かった。島の学校のグラウンド上空に到達した無人機からは遠隔操作でパラシュート付きの物資がグラウンドに投下された。今回の実験では、物資運搬の無人機を別の無人機が空撮で監視したり、同市の琴弾公園上空で有害ガスの分布状況を確認する香川大との共同環境調査なども行われた。遠隔医療研究のメロディ・インターナショナルの尾形優子社長は「薬不足や急を要するときにドローンなどの無人機の物資輸送が役立つ。全国の離島で応用できるので、実用化されることを期待している」と話した。（産経新聞電子版より）

(2) 期待される防災ドローン

前述したように、防災訓練ですでに多くのドローンが使われているが、今後さらに防災ドローンの領域は、技術革新と共に飛躍的に進化（深化）していくと思われる。従来は「ドローンはスキャナー」などといわれ、上空から映像を撮影し無線でリアルタイムに送信することが主要業務とされてきた。しかし、今後は一歩進んで撮影だけでなく撮影した情報を整理検証しつつ自動マッピングし、必要なデータとレイヤーを結び付け、必要な作業を発信提案できる自律型の防災ドローンが望まれている。すでに活用されているものも含め、次のような分野の防災対策、防災訓練で防災ドローンの活躍が期待されている。

① 災害・事故現場・防災情報収集・集約・伝達防災ドローン
発災時における人的物的被災状況の早期確認（今後はGPSとマッピング技術を事前に取り込むプログラムで、地名・地図上に被災レイヤーを重ねて情報を収集し発信）する防災ドローン。

② 津波・避難誘導防災ドローン
津波警報発令時、上空から避難経路の被災状況渋滞等を確認し、海岸線から安全な経路をダイレクトに自治体や住民の携帯・スマホにメールなどで発信する防災ドローン。

③ 孤立地帯・資器材搬送防災ドローン
発災時における道路損壊・豪雪・洪水等による孤立地帯に、必要な医薬品、水食糧などの緊急物資を搬送する防災ドローン。

④ 傷病者・医師送迎防災ドローン
発災時における道路損壊、豪雪・洪水等による孤立地帯での傷病者診療のため、医師等を送迎する防災ドローン。

⑤　高層マンション・非常用品搬送防災ドローン
　高層マンション共有部に予めドローンポートを設定し、発災時・エレベーター停止時に非常用品（水・食料・医薬品等）を搬送する防災ドローン。
⑥　救助隊・効率誘導防災ドローン
　被災地に緊急出動する救助隊に、被災情報と道路損壊状況を組合せたものをドローンが自動的にマッピングすると共に、救助隊のヘリや地上部隊を効率よく誘導。さらにバイタルサインセンサーやサーモグラフィを登載した生存者の捜索をする防災ドローン。
⑦　土砂災害等・予兆監視 全天候型防災ドローン
　土砂災害警戒区域などで大雨警報や土砂災害警戒情報が発表されたとき、定期的に危険箇所状況を定期監視し、予兆現象等を確認したら直ちに通報する全天候型防災ドローン。
⑧　施設内・安全確認防災ドローン
　発災時、予めプログラムしておいた施設内等における、人の立ち入り可否等について、施設内の被災状況、ガス・危険物漏洩・火災発生有無などをドローン搭載センサーによる施設内安全確認防災ドローン。
⑨　施設内・逃げ遅れ等確認防災ドローン
　発災時、予めプログラムしておいた施設内等における、逃げ遅れた人の有無や、安全救出ルートなどが確認できる逃げ遅れ等確認防災ドローン。
⑩　敷地内・被災状況等確認防災ドローン
　発災時、予めプログラムしておいた施設内における、ガス・危険物施設等の被災状況・点検確認等を行う施設内安全確認防災ドローン。

⑪　初期消火防災ドローン
発災時、予めプログラムしておいた立ち入り困難施設等において、画像認識やセンサーによって火災発生の有無を確認すると共に、火災の発生確認後、搭載した二酸化炭素ガス、次亜鉛酸ナトリウム粉末又は水溶液等を噴射消火する、初期消火防災ドローン。

⑫　ガス・危険物システム二次災害防止防災ドローン
発災時、予めプログラムしておいた立ち入り困難なガス・危険物施設内等において、電磁弁等を操作し二次災害防止防災ドローン。

⑬　医療施設等・防犯防災安全見回り防災ドローン
医療施設等において、夜間や休日など人手不足をカバーする防犯・防災・安全見回りドローン。

⑭　活火山等・安全パトロール防災ドローン
活火山などにおける噴火情報発表や入山規制時、入山者の確認、警告、誘導等の火山安全パトロール防災ドローン。

⑮　大規模地震発生時、津波監視防災ドローン
海底における大規模地震発生時、緊急地震速報を自動受信直後に島しょ部・半島・岬などに待機させていたドローンが自動的に飛び立ち、周辺における津波発生状況や襲来状況を監視し情報を発信する、津波監視防災ドローン。

⑯　洪水監視 全天候型防災ドローン
大雨警報発令時、河川流域の増水・洪水・堤防などの状況を監視する、全天候型洪水監視防災ドローン。

⑰　緊急医療器材託送防災ドローン
発災時、福祉避難所又は在宅療養者に対し、ストーマ患者用装具、酸素ボンベ、緊急バッテリー、医療器材、医薬品等を託送する、緊急医療器材託送防災ドローン。

第八章

先人の知恵「災害を忘れさせないための四つの物語」

1　此処（ここ）より下に家を建てるな

東日本大震災で沿岸部が津波にのみこまれた岩手県宮古市にあって、重茂《おもえ》半島東端の姉吉地区（12世帯約40人）はすべての家屋が被害を免れた。1933年の昭和三陸地震津波の後、海抜約60mの場所に建てられた石碑の警告を守り、坂の上で暮らしてきた住民たちは、改めて先人の教えに感謝している。

「高き住居は児孫《じそん》の和楽《わらく》、想《おも》へ惨禍の大津浪《おおつなみ》　此処《ここ》より下に家を建てるな」

本州最東端の地、映画「喜びも悲しみも幾歳月」の舞台となった重茂半島魹ヶ埼《とどがさき》灯台から南西約2km、姉《あね》吉《よし》漁港から延びる急坂に立つ石碑に刻まれた言葉である。この石碑から更に上った道の両側に集落がある。この地区は1896年の明治三陸地震津波、1933年の昭和三陸地震津波と2度の大津波に襲われその都度甚大な被害を受けてきた。昭和三陸地震津波の直後、住民らが石碑を建立。その後はすべての住民が石碑より高い場所で暮らすようになった。

東日本大震災の起きた3月11日、港にいた住民たちは大津波警報が発令されると、高台にある家を目指して、曲がりくねった約800mの坂道を駆け上がった。巨大な波が濁流となり、漁船もろとも押し寄せてきたが、その勢いは石碑の約50m手前で止まった。

地区自治会長の木村民茂さんは、「幼いころから『石碑の教えを破るな』と言い聞かされてきた。先人の教訓のおかげで集落は生き残った」と話す。

地区内にいた住民のうち、津波の難を逃れられなかったのは4人だけである。主婦Aさんが、隣の地区にいた3人の子供を車で迎えに行き、共に行方不明になった。木村さんは言う。「住民全員で無事を祝うことができないのは悔しい。将来に向け、こうしたつらい出来事を二度と起こさないようにしたい」。千年に一度といわれるこれだけの天災に遭ってなお、地域の長《オサ》は、人の命の重さを再認識し決意を新たにする。

今は、従来の石碑の50m下に東日本大震災津波到達地点を示す新しい碑も建てられている。二つの石碑はこれからも住民への戒めとして、そして、大津波から多くの人々と生活を守ってきた教訓して後世に強いメッセージを送り続けるに違いない。

2　稲村の火と津浪祭

ひとりの老人が地震後、津波が襲ってくると予感し、収穫した大切な稲むらに火を放ち、多くの村人を救った感動の物語。この「稲むらの火」は、1937年から1947年までの国定教科書・尋常小学校5年生用「小学国語読本巻十」と「初等科国語六」に掲載されたもので、当時の小学生たちの胸を打ち、深い感動と鮮やかな印象を心に残した。

1854年12月23日、安政の東海地震（M8・4）が発生し、その32時間後に襲った安政の南海地震（M8・4）のときの物語である。和歌山県広川町役場前にある「稲むらの火広場」にその老人の銅像が建っている。モデルとなった儀兵衛が松明《たいまつ》を掲げて走る姿が再現されている。舞台は紀州有田郡湯浅廣村《ひろむら》（現在の和歌山県有田郡広川町）で、主人公の五兵衛は実在の人物。主人公のモデルは紀州、総州（千葉銚子）、江戸で代々手広く醤油製造業を営む濱口家（現ヤマサ醤油）七代目当主の濱口儀兵衛（1820〜1886年）その人である。

儀兵衛は佐久間象山に学び、勝海舟、福沢諭吉などとも親交を結ぶ。地震発生前にも私財で「耐久社」（現県立耐久高校）や共立学舎という学校を創立するなど、後進の育成や社会事業の発展に努めた篤志家。地震発生当時はまだ老人ではなく34歳の働き盛り、自らも九死に一生を得た後、直ちに救済、復興対策に奔走する。後年濱口梧陵を名乗り、新政府では大参事、初代和歌山県会議長、初代駅逓頭（郵政大臣に相当）などの要職に就き、近代日本の発展に貢献し多くの足跡を残した。アメリカ・コロラド州の小学校では「稲むらの火」の英訳（ザ・バーニング・オブ・ザ・ライス・フィールズ）が副読本の教材として使われたという。

この物語が国内はもとより海外にまでも有名になったのは、小泉八雲（パトリック・ラフカディオ・ハーン〈１８５０～１９０４〉１８９６年に帰化し小泉八雲と名乗る）の功績である。１８９７年、八雲がボストンとロンドンで同時に出版した著書「仏の畠の落穂」（Gleanings in Buddha-Fields）の中の「生ける神」（A Living God）の章で、五兵衛（儀兵衛）の活躍が綴られている。八雲が書いた物語は、それから40年後、梧陵と同郷の小学校教員（後に校長）・中井常蔵氏（１９０８～１９９４）の手で書き改められ、１９３７年（昭和12年）小学国語読本となって全国の小学校に登場し、約１０００万人の児童に感銘を与えることになる。

中井氏は廣村の隣町の湯浅町にある濱口梧陵が設立した耐久社の流れを汲む耐久中学（現在の耐久高等学校）を卒業するが、そこで、郷土の英傑濱口梧陵を題材にしたラフカディオ・ハーンの「A Living God」を学び感銘を受ける。１９３４年、文部省が小学校の教材公募をしたとき、濱口梧陵の物語の真髄を小学生にも分かる短い物語に凝縮して応募した。中井の作品は見事入選し、１９３７年から小学読本に掲載されることになる。

■稲むらの火（中井常蔵著・現代仮名遣いに変換）

―「これはただ事ではない」とつぶやきながら、五兵衛は家から出てきた。今の地震は、別に烈（はげ）しいというほどのものではなかった。しかし、長いゆったりとしたゆれ方と、うなるような地鳴りとは、老いた五兵衛に、今まで経験したことのない不気味なものであった。

五兵衛は、自分の家の庭から、心配げに下の村を見下ろした。村では豊年を祝う宵祭りの支度に心を取られて、さっきの地震には一向に気が付かないもののようである。

村から海へ移した五兵衛の目は、たちまちそこに吸いつけられてしまった。風とは反対に波が沖へ沖へと動いて、みるみる海岸には、広い砂原や黒い岩底が現れてきた。

「大変だ。津波がやってくるに違いない」と、五兵衛は思った。このままにしておいたら、四百の命が、村もろとも一のみにやられてしまう。もう一刻も猶予はできない。

「よし」と叫んで、家に駆け込んだ五兵衛は、大きな松明を持って飛び出してきた。そこには取り入れるばかりになっているたくさんの稲束が積んであった。

「もったいないが、これで村中の命が救えるのだ」と、五兵衛は、いきなりその稲むらのひとつに火を移した。風にあおられて、火の手がぱっと上がった。一つ又一つ、五兵衛は夢中で走った。

こうして、自分の田のすべての稲むらに火をつけてしまうと、松明を捨てた。まるで失神したように、彼はそこに突っ立ったまま、沖の方を眺めていた。日はすでに没して、あたりがだんだん薄暗くなってきた。

稲むらの火は天をこがした。

山寺では、この火を見て早鐘をつき出した。「火事だ。庄屋さんの家だ」と、村の若い者は、急いで山手へ駆け出した。続いて、老人も、女も、子供も、若者の後を追うように駆け出した。

高台から見下ろしている五兵衛の目には、それが蟻の歩みのように、もどかしく思われた。やっと二十人程の若者が、かけ上がってきた。彼等は、すぐ火を消しにかかろうとする。五兵衛は大声で言った。

「うっちゃっておけ。ーー大変だ。村中の人に来てもらうんだ」

村中の人は、おいおい集まってきた。五兵衛は、後から後から上がってくる老幼男女を一人ひとり数えた。集まってきた人々は、もえている稲むらと五兵衛の顔とを、代わる代わる見比べた。その時、五兵衛は力いっぱいの声で叫んだ。

「見ろ。やってきたぞ」

たそがれの薄明かりをすかして、五兵衛の指差す方向を一同は見た。遠く海の端に、細い、暗い、一筋の線が見えた。その線は見る見る太くなった。広くなった。非常な速さで押し寄せてきた。

「津波だ」と、誰かが叫んだ。海水が、絶壁のように目の前に迫ったかと思うと、山がのしかかって来たような重さと、百雷の一時に落ちたようなとどろきとをもって、陸にぶつかった。人々は、我を忘れて後ろへ飛びのいた。雲のように山手へ突進してきた水煙の外は何物も見えなかった。人々は、自分などの村の上を荒れ狂って通る白い恐ろしい海を見た。二度三度、村の上を海は進み又退いた。高台では、しばらく何の話し声もなかった。一同は波にえぐりとられてあとかたもなくなった村を、ただあきれて見下ろしていた。稲むらの火は、風にあおられて又もえ上がり、夕やみに包まれたあたりを明るくした。

はじめて我にかえった村人は、この火によって救われたのだと気がつくと、無言のまま五兵衛の前にひざまづいてしまった。——

「稲むらの火」の物語の原型となった実話は、安政元年の安政東海地震、安政南海地震のときのことである。両地震が起こったのは実は嘉永7年11月4日と5日、新暦で言うと1854年12月23日と24日のことである。しかし、巨大地震が連続して発生し大きな被害を出したため、年号を安政と改めることとなった。そこで、最初は嘉永地震と呼ばれていたが、年号改変に伴い両地震とも安政の大地震と呼ばれることになる。それほど大きな地震であった（以下新暦で記す）。

最初に地震が起きたのは1854年12月23日午前10時ごろ、地震の規模はマグニチュード8・4と推定され、後に安政の東海地震と呼ばれる巨大地震。伊勢から伊豆半島まで甚大な被害を出した。房総半島から四国土佐にいたる太平洋沿岸各所に大津波が押し寄せ、家屋の被害は約9000棟、死者は600人といわれている。

さらにその32時間後の1854年12月24日、午後4時頃再び巨大地震が発生する。この周辺では過去1605年の慶長地震、1707年の宝永地震など幾度となく連続または同時に東海地震、東南海・南海地震が発生している。二度目の地震は安政の南海地震と呼ばれる、マグニチュードも同じ8・4の巨大地震で、32時間前の東海地震より西側の紀伊半島から四国沖が震源域であった。前日に続き津波は房総半島から九州にまで押し寄せて、全半壊建物は約6万棟、流失家屋2万1000棟、死者3000人というすさまじい被害を出す。

そのとき、「稲むらの火」の舞台となった紀州藩廣村（現広川町）の状況を見てみる。最初の地震が襲った12月23日の10時ごろ、強い揺れで村は騒然となる。たまたま廣村に滞在していた儀兵衛はただちに海岸に出て異常な波の流れを見る。波がうねり津波の襲来を感じた儀兵衛は、村人に言って家財を高台へ運ばせる。そして、老人、幼児、病人を高台にある広八幡神社境内に避難させた。その後儀兵衛は元気な若者たちを引き連れて海面監視にあたるが、波の高さは夜になって平常に戻る。しかし、警戒を緩めず村人の大半は避難場所で一夜を明かし、避難者には粥の炊き出しを行った。みんなが避難して空き家になった家々の盗難や火災に備えて、儀兵衛は屈強な者30人余りとともに一晩中村内の巡視と海の監視に当たった。

翌日の12月24日、ようやく海面が平常に戻ったので、高所で一夜を明かした村人たちは各自家に戻ってほっとしたのもつかの間、その日の午後4時ころ、再び大きな地震が襲う。儀兵衛が「激烈なること前日の比にあらず」と記すほどの烈しい揺れに見舞われたのである。瓦が落ち、家の柱がねじれ、壁や塀が崩れ、土煙が空を覆う。揺れが収まると、儀兵衛は被災した村内を見回った。

ところがその途中、当初異変が無かった海面が急激に変化し始め、またたく間に海面が山のように盛り上がり、廣村の人家に押し寄せてきた。高さ5mの津波は湾の奥でさらに高さを増し、18世紀初頭に畠山氏が築いた波除石垣を凄まじい勢いで乗り越えた。あわててふためき避難する村人たちの混乱の中で、儀兵衛は若者たちを督励して逃げ遅れたものを助け、走って避難しようとしているうち、自分もついに津波に巻き込まれてしまう。儀兵衛は浮き沈みしながらかろうじて丘のひとつにたどり着いて難を逃れる。高波は廣村の両側を流れる江上川、広川をさかのぼり、大木や大石を巻き込んで村をまたたく間に破壊しつくした。廣村の惨状は目を覆うほどであった。

儀兵衛がようやく高台の広八幡神社境内に着いたころも、村人たちは行方の分からぬ家族を心配して大混乱に陥っていた。すでに夜になっていたが、儀兵衛は逃げ遅れたものを助けるために元気な人たち10人ほどに松明の灯り手にを持たせて村に戻る。若干の村人を助けたものの、倒壊家屋の残骸や流木が道をふさぎ歩行の自由もままならぬ状況だった上、津波が何度も押し寄せてきた。このままでは危険と判断して儀兵衛は撤退を決意した。その途中漂流者や逃げ遅れたものが逃げる方向を見失わないようにと、稲むらに次々と火を放ちながら高台に戻った。

「この計、空しからず。これに頼りて万死に一生を得たもの少なからず」あとで儀兵衛はそう述懐している。儀兵衛たちが避難した後、前後４回あった大津波の中でも最大の津波が轟然と村を襲う。荒れ狂う激浪は点火した稲むらの火まで消してしまった。「稲むらの火」にでてくる五兵衛（儀兵衛）の活躍と、紀州廣村を襲った津波の状況は概ねこのようなものであった。物語のように津波に気づかぬ村人を集めるために稲むらに火をつけたのではなく、津波に追われる村人や漂流する人に逃げ道を教える目印として稲の束などに火をつけたのである。

村の被害は甚大で、建物被害３３９棟、死者30人といわれている。それでも儀兵衛などの活躍で他の村よりも廣村の被害は少なかったという。津波が収まった後の惨状の中で、儀兵衛は村人の救援活動に奔走する。まず、応急対策として、隣村の寺から米を借り受け、握り飯を被災者に配った。自分の家の米もすべて放出し、さらに不足すると見ると、深夜、隣村の庄屋を訪ね「一切の責任は自分が負うから」という条件で米50石を借り出すなど休むまもなく食糧確保に努めた。それからも、流失した家財、米俵の収集、道路や橋の修復工事などを指揮するとともに近隣の資産家に呼びかけて寄付を募るなど、献身的な活動を続けた。また、私財を投じて家屋を建て極貧者に無料で住まわせたりもした。

中でも儀兵衛が心を砕いたのは、今後も将来にわたって繰り返し押し寄せてくるであろう津波対策と、災害で職を失った人たちの失業対策だった。そこで、紀州藩と交渉し許可を得て津波よけの大堤防建設に着手する。工事によって村人に職を与え離村者をなくすことができると考えたのである。そして、怠惰に陥らないように労賃を日払いにするなどの工夫までした。また、田畑を堤防の敷地にすることで藩の課税対象から外す交渉もした。つまり、防災対策、失業対策などを同時に推進したのである。

特に、廣村堤防建設費、銀94貫のほとんどを儀兵衛の私財で賄ったのである。３年10か月の歳月を費やし、延べ５万６７３６人の人員をかけて見事に廣村堤防は完成した。高さ５ｍ、幅20ｍ、長さ６００ｍの立派な堤防である。海側に防風林をかねて潮風に強い松の木を、反対側に蝋燭の蝋が取れるはぜの木を植えた。今は１５０年以上経て見事な松林に育っている。この堤防のお陰でその後の津波でも廣村は被害を免れている。特に戦後まもない１９４６年に発生した昭和南海地震津波で、見事にその役割を果たし、多くの廣村の住民を守り抜いたという。堤防そばにある感恩碑の前で、毎年11月に儀兵衛の偉業を称え、防災の誓いを新たにする「津浪祭」は、既に１００回を超えた。

幕末、儀兵衛は梧陵《ごりょう》と名乗り、激動期には開国論に立ち、見込まれて紀州藩の勘定方や大参事に任じられている。後には新政府の駅逓頭（現在の郵政大臣）へと稀代の出世をする。晩年は再び郷土に戻り、和歌山県初代県会議長などを務めた。このころ、村人たちが梧陵の積年にわたる恩に報いるため梧陵を生き神様として「浜口大明神」なる神社を建てようとする動きがあった。しかし、梧陵は頑としてそれを許さなかった。

こうしたいきさつを踏まえ小泉八雲が書いた文章が「生きる神」である。中井常蔵が書いた「稲村の火」の五兵衛とは多少異なるが、それらは全く問題とならないし、実話の儀兵衛のほうがはるかに高潔な魂と、際立った人間愛、英明な頭脳を持ったリーダーであり、稀に見る義の人でもあった。これからも発生するであろう災害に備え、過去の災害やエピソードを教科書に掲載するなど、広川町の津浪祭のように息長く継続伝承できる防災文化の醸成が不可欠である。２０１５年12月４日、国連総会第２委員会は日本を含む１４２か国の提案により、この「稲村の火」の逸話のもととなった11月５日を「世界津波の日」に制定することを全会一致で決めた。稲村の火は、これからも世界の防災文化として発信し続けていくに違いない。

3　津波神事ナーバイ

日本で最大波高といわれている津波は１７７１年4月24日（明和8年3月10日午前8時頃）の明和大津波（八重山地震）である。沖縄県石垣市で85・４ｍの遡上高（一部に異論もある）。宮古地方でも30ｍを超える津波が襲い、人口の約32％にあたる９３１１人の死者行方不明を出し、甚大な被害を受けている。こうした大災害を忘れないために、そして備えを怠らないように各地で先人たちは様々な教訓を伝承してきた。

沖縄県宮古島市城辺砂川と友利の二つの部落にナーバイ（縄張）という伝統的祭祀がある。これは明和大津波が襲来した旧暦3月の最初の酉《とり》の日に白装束の女性らが拝所に集まるところから始まる。砂川では上比屋山（ウイピャーヤマ）にそれぞれがダティフ（ダンチク・暖竹）を持って、津波襲来時間の午前8時頃に集まって女性たちがマイウイピャーの籠屋といわれる建屋でニィリ（神歌）を歌い拝礼する。その後、女性らは1列になって歩き、定められた拝所でダティフを立てて、此処より奥は津波が上がってこないように祈る。女性らが出発した後、ウイピャーヤマに残った男らは、籠屋の前で神歌を歌いながら船こぎの模倣儀礼を捧げる。現在は砂川と友利の住民がほとんどだが、かつては城辺保良（グスクベボラ）や上野新里（ウエノアラザト）、宮国（ミヤグニ）の住民も参加していたという。

この祭祀は津波除けと豊作を祈るものだそうだ。そうやって海の神様に海と陸の境を教え、この場所以上に津波がやってこないように願いを込めて祈るのだそうだ。逆にいうと、地震の際は津波に備え、そこより上に避難しなければならないということを改めて住民自身が確認し誓い合うことにもなる。その拝所までの道は普段あまり人が近づかない場所だが、祭祀の前日までにそこへ続く道は住民総出できれいに草刈りを済ませることが習わしになっている。この祭祀が続く限り毎年避難路は整備され確保できることになる。また、住民総出で草刈りをすることで大津波を忘れず、地震発生時はこの高台へ避難することの大切さを思い起こすことができる。

どれほど大きな災害でも三代過ぎると記憶と教訓は風化していく、長続きさせるためには神事として継承していくことも一つの方法である。ナーバイは「人は忘れるもの」であることを知っていた先人たちが、後世へ伝えるために生み出した優しい思い遣りの神事なのかもしれない。

4 念仏まんじゅう

1982年7月23日午後から翌24日未明にかけて、長崎市を中心に過去にない集中豪雨が襲った。ちょうど退勤時間とも重なり、移動中の車両など約2万台が流されたり水没したりするなどの被害を受けた。洪水やがけ崩れが同時多発的に発生し、死者・行方不明299人、重軽傷者805人、全半壊1538棟、床上浸水1万7909棟という甚大被害をもたらした。後に長崎県は「7・23長崎大水害」と命名する。一般的にも長崎大水害と呼ばれているが、犠牲者299人のうち262人（87％）は土砂災害による犠牲者だった。長崎は坂の町と言われるほど、住宅街周辺は土砂災害の危険区域に囲まれている。その斜面都市を低気圧と梅雨前線によって猛烈な豪雨が襲った。特に、長崎県南部に、23日夕刻から降り始めた雨は、午後7時からの1時間で日本の観測史上最悪の187㎜（長与町役場）を記録し、午後7時からの3時間で366㎜（日本の観測史上歴代3位）というとてつもない豪雨となった。土砂災害発生の一報を受けて出動した消防隊さえ孤立してしまうほどの激しい土砂災害であった。

長崎市太田尾町《おおたおまち》の山川河内《さんぜんごうち》地区も、土石流で家屋2棟が流出し4棟が破壊されるなど大きな被害を受けた。しかし、この地区では1人の犠牲者も出していない。後に長崎水害の奇跡ともいわれるが、その秘密は「念仏まんじゅう」にあった。

この山川河内地区は31世帯、およそ130人が暮らしている。ここでは毎月1回全世帯に「念仏まんじゅう」（念仏講まんじゅうもいう）が配られるのである。これは156年間続けられてきたこの地の防災文化である。この念仏まんじゅうには土砂災害から住民の命を守る先人たちの知恵が活きていた。1860年（万延元年）4月9日、長崎一帯に大雨が降り、山川河内地区は激烈な土砂災害に襲われる。長崎奉行所の資料によると、この地区だけでも33人が死亡、9人が行方不明というまちの約半数が犠牲になるという大変な災害となった。

それ以来、山川河内の住民たちは156年間、土砂災害で犠牲になった人たちの月命日（9日）に集まって念仏を唱え、まんじゅうを全戸に配って犠牲者の霊を悼むとともに、災害を忘れないようにしてきた。特に、念仏講に集まるたび、大雨が降ったとき「大雨が降っても降らなくても、川の水が濁ったら逃げろ」「小石や木が流れてきたら脱げる（崩れる）」など土砂災害の予兆現象の言い伝えを伝承してきた。

そして、江戸時代にこの地を襲った土砂災害から122年目の1982年長崎大水害のとき、まちの人たちは周囲を監視して回り「川が濁ったぞ、早く逃げろ！」と触れて回った。それを聞いた人たちは直ちに「身体一つで逃げろ！」隣近所に声かけ合った。人々は何も持たず自主的に川や斜面から離れ、高台の親戚や知人宅に避難した。それからしばらくして、まちを土石流が襲い多くの住宅が流されてしまう。しかし、犠牲者ゼロの報に歓声が上がったそうだ。モノにとらわれると逃げ遅れる。早く逃げれば助かる。命さえ助かればあとは何とかなる。122年前からの教えがみんなの命を救ったのである。このまちに伝わる念仏まんじゅうの習わしは「土砂災害を忘れるな」「異常を見たらすぐ逃げろ！」と孫子の代へ命を守る知恵を伝えてきた先人たちの思いやりであった。

あとがき

日本は、この100年間に3回も大震災（関東大震災、阪神・淡路大震災、東日本大震災）に襲われ、13万人を超える犠牲者を出し、多くの教訓を得てきたはずである。しかし、実際には自助、共助、公助が必ずしも適切に機能していない。それはなぜか？

災害と被災現場は生き物である。それも災害ごとに違う顔を持ち、意表を突いた動きをする極めてやっかいな生き物である。既往災害や仮説に基づく被害想定という一つの物差しで、すべての災害を測ることも対処することもできない。「災害は同じではない」ということを、一部で実感されていても、ほとんどの人が理解していない、あるいは理解させていないことに問題の根がある。

最近の大地震でも、阪神・淡路大震災と東日本大震災とでは、共通点はあるものの、大部分は全く異なる災害である。「災害の本質と環境が違う」のである。時代が違う、規模が違う、発生時刻が違う、災害・被災要因が違う、局所単独災害と広域複合災害とが違う、時の政府や省庁が違う、被災自治体の規模・財政が違う、商工業力が違う、情報インフラが違う、メディアが違う、首長や職員の見識・能力が違う、被災地の歴史・文化が違う、社会の価値観が違う、被災者の背負った荷物の種類と重さが違う、生活構造が違う、経済背景が違う、生活水準が違う、住民思考が違う、時間の流れが違う、恥ずかしさの価値観さえ違うのである。たとえ「大震災」という名前がついていても、災害の実態は天と地ほどに違いがある。一つの事例でしかない阪神・淡路大震災の教訓、経験を基に造られた初動対応、緊急対応、復旧・復興対応のマニュアルがすべてには共用できない。既往災害の経験や教訓を活かすことも重要だが、その都度異なる顔を持った災害に、パターン化された人・心・マニュアルで対処しようとすることで現場をさらに混乱させるのである。

ハード、ソフト、システムだけで安全は構築できない。災害は生き物である。臨機応変に対応できるマニュアルや、命令せずともしかるべき人に自動的に権限が委譲できる仕組み。そして、何より重要なのは、そのしかるべき「人」を育てることである。経験したことのない災害に遭遇し、劇的に変化・流動する現場に怯まず、うろたえず、柔軟にかつ決然と対処できる見識と覚悟を持った人の育成こそが急務である。堤防を高くするだけで災害が防げるわけではない。ひとり一人の心の堤防を高くすること。その上で、その地域の民生・特性に十分配慮し身の丈に合った防災対策、防災訓練を企画・実行すべきではないだろうか。それがスマート防災であり、それでこそ真の減災につながると考えている。

本書は東日本大震災から5年目に出版の運びとなった。周年行事が各地で開催される一方で、被災者の生活再建はまだ道半ばであるのに災害の記憶風化が始まっている。悲しいことや嫌なことを忘れて前向きに生きることは大切だが、忘れてはいけないこともある。そして、形式的な防災対策や訓練では長続きしない。その人、その地域、その企業の身の丈に合った、日常的にさりげなく安全を取り込むスマートな防災が必要と思っている。本書を読んでくださった方々に感謝と敬意を捧げたい。そして、これからも「防災はおとこのロマン（美学）」として微力ながら精進していくことを改めて誓うものである。

【参考・引用文献】

・「無人航空機（ドローン、ラジコン機等）の安全な飛行のためのガイドライン」（国交省航空局）
http://www.mlit.go.jp/common/001110370.pdf

・「無人航空機（ドローン、ラジコン等）の飛行ルール（国土交通省ＨＰ）
http://www.mlit.go.jp/koku/koku_tk10_000003.html

・「空港等設置管理者及び空域を管轄する機関の連絡先について」（国土交通省ＨＰ）
http://www.mlit.go.jp/koku/koku_tk10_000004.html

・「米国連邦航空局（ＦＡＡ）：http://www.faa.gov/

・ヒューマニタリアンＵＡＶネットワーク　http://uaviators.org/

・「避難所の肺炎予防―神戸の経験を生かすために―」（神戸市保健福祉局健康部）
http://www.city.kobe.lg.jp/safety/health/touhoku/img/goenseihaienn.yobou.pdf

・宮城県「災害応急・復旧対策（地震発生後―6か月の対応）」
http://www.pref.miyagi.jp/pdf/kiki/kensyou3syou1.pdf

・「平成26年度姫路市消防防災運動会・まもりんピック姫路」
http://www.city.himeji.lg.jp/syoubou/plaza/undoukai/game/index3.html

・「地区防災計画ガイドライン」（内閣府ＨＰ）
http://www.fdma.go.jp/html/life/chikubousai_guideline/guideline.pdf

・『即動必遂』火箱芳文著（マネジメント社）

・『イラストでわかる消防訓練マニュアル』消防教育研究会菊池勝也編著（東京法令出版）

・『ドローンの世紀』井上孝司著（中央公論社）

・「熊本広域大水害の災害対応に係る検証」（熊本県知事公室危機管理防災課）

・「東日本関連倒産」（東京商工リサーチHP）
https://www.tsr-net.co.jp/news/analysis/20140310_03.html
・『新・人は皆、自分だけは死なないと思っている』山村武彦著（宝島社）
・『近助の精神―近くの人が近くの人を助ける防災隣組』山村武彦著（きんざい）
・「自治体・住民と連携した危機管理演習」（「下館河川事務所調査課　高玉郁子著）など

◆著者略歴

山 村 武 彦（やまむら・たけひこ）

1964年新潟地震のボランティア活動を契機に、防災アドバイザーを志す。世界中の現地調査は250か所以上、その教訓を伝える防災講演は2000回を超える。自治体や企業の防災アドバイザーを務めるなど実践的防災・危機管理対策の第一人者。現在、防災システム研究所所長。

http://www.bo-sai.co.jp/

―主な著書―

『防災格言―いのちを守る百の戒め―』（ぎょうせい）

『これだけは知っておきたい！山村流「災害・防災用語事典」』（ぎょうせい）

『近助の精神―近くの人が近くの人を助ける防災隣組』（きんざい）

『防災・危機管理の再点検―進化するBCP（事業継続計画）』（きんざい）

スマート防災

―災害から命を守る準備と行動―

平成28年 3 月25日　第1刷発行

令和 2 年 1 月20日　第6刷発行

著　者　山村　武彦

発行所　株式会社ぎょうせい

〒136-8575　東京都江東区新木場1－18－11

電話　編集　03-6892-6508

営業　03-6892-6666

フリーコール　0120-953-431

URL：https://gyosei.jp

〈検印省略〉

印刷　ぎょうせいデジタル㈱

※乱丁・落丁本はお取り替えいたします。

ISBN978-4-324-10129-2

(5108235-00-000)

〔略号：スマート防災〕